本书出版得到国家社会科学基金青年项目：新时代干部行为的心理机制及治理路径研究（22CZZ030）、上海市哲学社会科学规划青年项目：进一步完善"不想腐不能腐不敢腐"的体制机制研究（2020EGL021）的资助

"消极作为"行为研究

内容、结构及心理机制

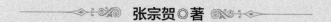

张宗贺◎著

经济管理出版社

ECONOMY & MANAGEMENT PUBLISHING HOUSE

图书在版编目（CIP）数据

"消极作为"行为研究：内容、结构及心理机制/张宗贺著 . --北京：经济管理出版社，2023. 11

ISBN 978-7-5096-9481-7

Ⅰ. ①消⋯　Ⅱ. ①张⋯　Ⅲ. ①公共部门—行政行为—研究　Ⅳ. ①D035. 2

中国国家版本馆 CIP 数据核字（2023）第 227846 号

组稿编辑：魏晨红
责任编辑：魏晨红
责任印制：黄章平

出版发行：经济管理出版社
　　　　　（北京市海淀区北蜂窝 8 号中雅大厦 A 座 11 层　100038）
网　　址：www. E-mp. com. cn
电　　话：（010）51915602
印　　刷：北京市海淀区唐家岭福利印刷厂
经　　销：新华书店
开　　本：720mm×1000mm/16
印　　张：13
字　　数：222 千字
版　　次：2024 年 2 月第 1 版　　2024 年 2 月第 1 次印刷
书　　号：ISBN 978-7-5096-9481-7
定　　价：78. 00 元

自　序

我很荣幸能够为大家呈现本书。在这里，我想与您分享一些创作的初衷和心得体会。

在当代社会中，"消极作为"行为已经成为一个令人担忧的现象。无论是在学校、工作场所还是在社交媒体上，我们都能够感受到这种不良行为的存在。然而，对于这些行为的研究和解决方案相对不足。因此，我决定着手撰写本书，希望能够为读者提供一种深入研究和思考这个问题的方式。

在编写本书的过程中，我进行了广泛的文献回顾和实证研究，探索了"消极作为"行为的多重维度，从行为的内容、行为的结构以及心理机制三个方面进行了系统的分析和归纳。通过翔实的案例分析和理论研究，试图揭示这一行为的内在动机和心理过程，并探讨其对个体和社会的影响。

在本书的写作过程中，遇到了许多困难和挑战。深入研究"消极作为"行为需要耗费大量的时间和精力，同时也需要具备扎实的理论基础和广泛的学科知识。但正是这些困难和挑战，让我更加坚定地意识到这个课题的重要性，并且认识到有责任将研究成果分享给更多的人。

我希望本书能够激发读者对"消极作为"行为的思考，并提供一些理论和实践上的启示。无论是在个体层面还是在社会层面，我们都可以通过深入了解这些行为的特点和原因，采取相应的措施来预防和应对这些问题。我相信，通过共同努力，我们能够建立一个更加积极、和谐的社会环境。

最后，我要衷心地感谢在本书写作过程中给予我支持和鼓励的人。感谢我的家人和朋友对我的理解和支持，使我能够专注于这个项目的研究。感谢我的导师和同事对我的指导和帮助，让我在学术道路上不断前行。感谢我的读者，是你们的关注和支持让我有动力将本书完成。

希望本书能够对您有所启发，并在解决相关社会问题的道路上起到一定的推动作用。让我们携手努力，共同创造一个更加美好的未来。

前　言

　　"消极作为"行为已经成为我国公共部门需要治理的一个重要问题。"消极作为"行为的蔓延和恶化，将对国家发展产生不同程度的影响。本书对"消极作为"行为的研究，主要包含以下四个方面。

　　首先，搭建了"消极作为"行为的理论分析框架，对"消极作为"行为价值进行定位，为"消极作为"行为的本土化维度构建提供了强有力的理论依据。借助计划行为理论，提出了"消极作为"行为的内涵结构的理论模型。其次，对36名公共部门人员进行半结构化访谈，运用扎根理论初步构建出中国情境下"消极作为"行为的内容维度，并分别从制度层面、组织层面和个体层面对影响"消极作为"行为的因素进行了分析。再次，通过一个跨层次研究对"消极作为"行为的效应释放进行了探索和检验。最后，对"消极作为"行为效应释放的心理机制进行了研究。

　　本书基于计划行为理论，从行为本质特征出发，结合管理学、心理学、组织行为学等不同学科理论，以行为公共管理的视角系统分析了"消极作为"行为内容、结构及心理机制。研究结果发现：第一，"消极作为"行为主要是指由于态度不端、动机不纯、不想担当等主观原因导致的在履职过程中出现的庸作为、慢作为、懒作为等行为表现。其主要包含"工作态度""工作动机"和"心理认知"三个维度。第二，基于"消极作为"行为的内容结构，研制了15个测量"消极作为"行为的题项。第三，从一个多层次的视角构建了"消极作为"行为的影响因素模型，验证了制度压力、中庸思想、繁文缛节对"消极作为"行为产生显著的正向影响，心理安全感、公共服务动机、责任感对"消极作为"行为产生显著的负向影响。第四，通过一个跨层次研究验证了"消极作为"行为显著负向影响员工的工作投入、服务绩效以及职业满意度，但对团队创新绩效并没有产生显著的影响。第五，根据效应释放结果构建了一个个体层面的心理机制模型，进一步验证了工作投入在"消极作为"行为影响服务绩效的过程中起到了中介作用，而在"消极作为"行为影响职业满意度的过程中的中介作用不显著。

目　录

1 绪论

1.1 研究背景

党的十八大以来，中央政治局率先贯彻中央八项规定，又以"踏石留印、抓铁有痕"的精神，不断加大反腐力度。但是，因其他消极观念导致的少数干部产生"为官不易"的认识，衍生了"消极作为"行为，即责任心淡薄、工作不积极、作风懒散、政策执行不力、行政效率下降等问题，因此必须加大治理力度。然而，"消极作为"行为会导致行政效率低下，不可避免地失去人民的信任，严重损害人民的利益，影响公共行政的公共形象，妨碍公共政策的顺利实施。在这方面，国家领导人非常重视，多次把它提到了治国理政的高度，连续几年在《政府工作报告》中都提到了"消极作为"的执政内容。

2015 年，《政府工作报告》要求"加强政府自身建设"，坚持主动，狠抓落实，勤政为民。广大公务员特别是领导干部，要始终把为人民谋幸福、为百姓谋福祉作为自己的最大责任，把现代化的使命扛在肩上，始终把人民群众的温暖和幸福放在心上。各级政府要切实履行职责，狠抓贯彻落实，创造性开展工作。完善绩效考核评价机制，对实绩突出者，要大力褒奖；对工作不力的，要约谈诫勉；对懒政怠政的，要公开曝光、坚决追究责任①。

---

① 李克强. 政府工作报告 [EB/OL]. 中国政府网，2015 – 03 – 16. http：//www. gov. cn/guowuyuan/2015–03/16/content_ 5276608. htm.

中央在党的建设、社会经济发展、思想文化建设的顶层设计和改革思路上，构建了清晰的蓝图，有针对性地出台了各项政策。但是，反腐倡廉新的趋势和要求使一些干部感觉不舒服，怕承担责任、冒风险，甚至抱着"不求有功，但求无过"的敷衍态度；也有一些干部学习理解能力不强，习惯随大溜。2017年，针对这些情况，习近平总书记就新华社发布的《形式主义、官僚主义新表现值得警惕》一文作出了重要指示：纠正"四风"不能止步，作风建设永远在路上。各地区各部门都要摆摆表现，找找差距，抓住主要矛盾，特别要针对表态多调门高、行动少落实差等突出问题，拿出过硬措施，扎扎实实地改。各级领导干部要带头转变作风，身体力行，以上率下，形成"头雁效应"①。可见，"消极作为"行为逐渐蔓延和恶化，受到了中央和地方政府的高度重视。2019年，《政府工作报告》强调，要坚持依法全面履行职责，切实加强责任。

1.2　问题提出

随着反腐败工作的深入开展，国家开始重视"消极作为"行为，出台了一系列规范领导干部行为的规定，意义重大。但在实际工作中，一些领导干部违反规章制度办事，认为"定规矩就是不让做事情"，抱有"不干事就会不出事"的心态。

目前，"消极作为"行为并没有一个具体的内涵，首先我们应该理解当前出现的"消极作为"行为是个体行为，并不是说"什么工作都不做、不管不问"，也不是过去所说的"没事干"，而是在特定语境和特定内涵下的消极行为表现。党的十八大以来，在全面从严治党背景下，"消极作为"的主体，狭义上指具有一定行政级别和行政权力的公职人员，广义上则指在公共事业领域中担负管理职能、承担公共职责的各类各级公职人员。"消极作为"并不是说"不做"，而是不积极做、慵懒作为、散漫作为、利己而为（张宗贺和刘帮成，2018）。由于"消极作为"行为的普遍存在，因此广义上理解的"主体"才是应该重点研究的对象，"消极作为"才是我们研究的"不为"。客观地说，对于具有理性的人员而言，其

---

①　形式主义、官僚主义新表现值得警惕［EB/OL］．新华网，2017-10-27，http：//www.xinhua-net.com//2017-10/27/c_1121867529.htm.

权力行为的运行都建立在动机的基础上。如果有明确的行为动机、行为规范，即使产生的行为并不理想，这样的行为也不会被认作"消极作为"行为；只有那些看似按规章制度办事，或看似规范有序，但做事的行为态度和动机有偏差，在履职过程中出现的"不积极主动、不尽心尽力""形式主义""官僚主义""只重显功不求潜功"等行为（刘帮成，2018），才属于本书讨论的"消极作为"行为。对于各级领导和普通公职人员而言，如果动机正确、主观上努力，但因能力不足而导致的决策不当或行为失误，并非本书所说的"消极作为"行为；只有那些有能力却不敢作为、能力不足却不思进取的现象，才属于"消极作为"行为。

"消极作为"行为的存在，对稳定经济形势、巩固市场秩序、培育社会力量有着不同的影响（金太军和张健荣，2016）。截至 2018 年底，来自中国期刊网有关"消极作为"的文献约有 1430 篇，其中期刊为 558 篇，以"'消极作为'行为的内容"为关键词来搜索仅有 25 篇文献，进一步以"'消极作为'的内容及结构"搜索则没有一篇相关文献来对其进行具体的理论性研究和分析。综观以往学术界，对"消极作为"的研究主要集中在对"硬腐败"的预防和控制上，对"软腐败"则缺乏深入的研究。它并没有被作为一种组织形式进行系统的分析，对其演化机制更是缺乏深入的探讨（曾维和和杨星炜，2017）。研究视角都是从政治制度、问题分析、整顿治理来进行理解的，但对于"消极作为"内涵的本身很难把握。特别是针对"'消极作为'行为的内容及结构"的具体化研究，目前学术界还比较匮乏，同时对于什么是"消极作为"行为并没有一个清晰的界定，而本书正是在我国深化改革背景下，试图回答以下三个问题：首先，什么是"消极作为"行为？"消极行为"行为的内容结构是什么？其次，影响"消极作为"行为产生的因素有哪些？最后，"消极作为"行为带来的影响后果及心理机制是什么？

1.3　研究意义

1.3.1　理论意义

以往关于"消极作为"行为的研究大多局限于贪污、腐败、乱作为，对于"不作为"的问题却很难把握，特别是针对"不作为"行为的研究更为匮乏。本书从"消极作为"行为的特征出发，结合管理学、心理学、组织行为学等不同学科理论，从行为公共管理的视角来解读"消极作为"行为，在影响因素方面，从制度、组织和个体三个层面系统地探讨影响"消极作为"行为产生的因素，从而有助于揭示我国公共部门中"消极作为"行为的产生或变化规律，深化人们对"消极作为"现象的理解和认识。现有的关于"消极作为"行为的研究尚未涉及对影响因素进行系统性分析。在作用效果方面，探讨"消极作为"行为对个体和组织的双重影响，不仅丰富了已有的理论成果，也为已有的理论构想提供一些实证线索，拓展了"消极作为"行为的理论知识。在组织层面，探讨"消极作为"行为对组织绩效由下而上的作用。本书将"消极作为"这一概念引入组织行为研究，并探索和构建本土化的结构模型与测量工具，特别关注"消极作为"行为特征，通过对我国公共部门人员进行访谈和调研，并重点关注个体的行为表现以及"不作为"行为的影响因素、"消极作为"行为的效应释放以及心理机制、今后的治理方向和路径选择，期望为我国公共部门"消极作为"行为的后续研究奠定良好的基础。

1.3.2 实践意义

在全面深化改革的背景下，由于反腐力度的持续推进，我国公共部门人员的权力受到了不同程度的制度约束，于是，"为官不易"的呼声渐高，"消极作为"现象不断蔓延。在降低行政效率的同时，"消极作为"行为还浪费了行政资源，侵蚀了国家的公信力。"消极作为"行为对政治生态的发展、经济形势的稳定、社会力量的培育和民生保障都产生了不同的影响。自中央推出中央八项规定、"六项禁令"等反腐措施以来，官场上的各种"乱作为"现象得到了很大的遏制，原本被扭曲的行政行为得到矫正，但有效激励公务员的正常和积极行为的机制和制度还没有构建起来。与之相应的理性精神，特别是"对事不对人"的理性精神，远未构建起来（唐亚林，2015）。社会科学研究的价值在于运用现有理论分析现实问题，有效地将现实问题转化为研究问题。"消极作为"行为应是政府和公众共同关注的议题，本书有助于公共部门及管理层认识到"消极作为"行为的内容结构及重要影响因素，也能为今后制定行之有效的规章制度奠定基础。

1.4 研究思路和设计方案

1.4.1 研究目的

本书基于计划行为理论、人—环境匹配理论、社会交换理论、自我决定理论，从公共部门人员的"消极作为"行为本质特征出发，结合管理学、心理学、组织行为学等不同学科理论，对我国公共部门"消极作为"行为进行尝试性探究，深入解析"消极作为"行为的形成机制。计划行为理论是本书的理论基础。人—环境匹配理论作为本书的背景理论，强调个体行为并非由人或环境单独产生的，而是由两者的拟合或一致性产生的。社会交换理论作为一种支持理论而存在，主张人类的一切行为都是由某种能够带来回报和回报的交换活动所支配的，明确公共部门人员极力以交换为目的来实现自身利益最大化，对经济利益的追求是其本性，自身利益至上才是他们行为的唯一动力。这一理论直指与自身利益相关的不作为行为。自我决定理论主要强调自我决定行为的程度，并根据自我决定程度将动机视为一个连续体。自我决定的心理标志在于对自身与环境互动的灵活控制。在自我决定中，人们自由选择行动，而不是被迫选择，这种选择是基于对有机体需要的理解和对外部事件的灵活解释，它的存在为计划行为理论和社会交换理论的有机结合提供了重要的支撑。

本书试图把"消极作为"这一概念引入组织行为研究，试图回答"是什么"，从而为"消极作为"行为相关的后续研究奠定良好的基础。试图回答在影响机制方面，从制度、组织和个体三个层面系统地探讨影响"消极作为"行为的因素；在作用效果方面，主要考虑"消极作为"行为对组织层面和个体层面双向的效应释放。

基于以上研究视角，本书试图通过定性与定量相结合的方法解决以下问题：不同的视角对"消极作为"行为有不同的解释，那么具体的"消极作为"行为是什么？"消极作为"行为的内容结构及其测量方法是什么？"消极作为"行为的影响因素从不同的层面如何体现？"消极作为"行为的作用机制主要体现在哪些方面？

1.4.2　总体框架

本书主要以我国公共部门人员为研究对象，以计划行为理论、人—环境匹配理论、社会交换理论、自我决定理论为理论依据，对"消极作为"行为的内容和结构维度进行探索，并进一步探究"消极作为"行为的影响机制，主要研究内容包括以下几个方面：

研究一："消极作为"行为的内容结构

中国语境中的"消极作为"概念模式主要是基于中国的经济、社会、文化和改革背景，对"消极作为"行为的概念界定、维度构建、测量量表等进行初步探索。一方面，基于相关文献的阅读和梳理，采用案例分析和半结构化访谈的研究方法，通过对来自我国不同地区的36名公共部门人员进行访谈，运用扎根理论进行探索性研究，从整体上先对"消极作为"行为的特征以及内容进行相关了解和把握，以便为后续的研究和设计提供更加深入的认识基础；另一方面，通过探索性和验证性研究对"消极作为"行为的内容维度进行验证，以维度构成为依据形成测量量表。

研究二："消极作为"行为的前因变量研究：一个多层次分析框架

"消极作为"行为受到很多因素的影响，通过梳理"消极作为"行为影响因素的相关文献并结合半结构化访谈，将影响因素归纳为三个层面：首先是来自情景环境的影响因素（制度压力），其次是组织氛围的影响因素（中庸思想、繁文缛节），最后是来自个体的影响因素（心理安全感、公共服务动机、责任感）。本书从上述三个层面进行深入探索和研究，对影响"消极作为"行为的机制进行全面、系统的分析。

研究三："消极作为"行为的效应释放：一个跨层次研究

本书通过梳理"消极作为"行为影响因素的相关文献并结合半结构化访谈，将"不作为"行为带来的最直观的后果进行归纳。通过收集多元数据进行实证分析，对"消极作为"行为的效应分别从团队层面和个体层面进一步验证。

研究四：效应释放的心理机制研究

本书在对"消极作为"行为维度结构进行理论分析的基础上，通过对"消极作为"行为的内容和影响因素进行讨论，在不同层面分析"消极作为"行为的影响因素模型框架下，结合其他相关理论、已有文献、半结构化访谈等，并通过逻辑推理分析，构建"消极作为"行为效应释放的心理机制模型，进而提出相应的研究假设。

对于"消极作为"行为的影响机制，本书建构了影响因素模型，如图 1-1 所示。

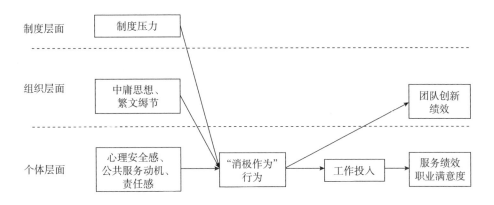

图 1-1 "消极作为"行为的影响因素模型

本书共 9 章，每章的主要研究内容如下：

第 1 章，绪论。本章主要就研究背景、问题提出、研究意义、研究思路和设计方案、本书的创新之处进行简要的介绍。

第 2 章，理论基础及文献综述。本章主要基于人—环境匹配理论、社会交换理论、自我决定理论、计划行为理论，从"消极作为"行为本质特征出发，结合管理学、心理学、组织行为学等不同学科理论，对"消极作为"行为进行尝试性探究，进而对"消极作为"行为的内涵及影响因素进行了全面的梳理。为了从不同的视角全面了解"消极作为"行为，本章首先对公务员的组织公民行为、繁文缛节、不道德行为和反生产行为进行梳理，充分了解积极行为和消极行为的相关研究，为开展进一步的实证研究奠定扎实的理论基础。

第 3 章，中国情境下的"消极作为"行为：一个理论分析框架。本章主要基于人—环境匹配理论、自我决定理论、社会交换理论以及计划行为理论对"消极作为"行为进行分析。

第 4 章，"消极作为"行为的内容研究。本章首先采用访谈法、扎根理论法和统计分析法等对"消极作为"行为的内容维度建构进行初步构思。其次参考相关消极行为的量表，根据本书的实际需要及对公共部门人员的访谈结果，对“消极作为”行为内容进行编码和反复修订。本章以问卷设计原则为准绳，通过探索性分析来形成“消极作为”行为的初始问卷。

第5章，“消极作为”行为的结构检验。本章首先对问卷的题项进行整理和分析，并对相关题项进行补充，最终形成正式的问卷。其次使用 SPSS 统计软件，运用主成分分析法探索中国情境下“消极作为”行为的内容维度构成，并基于中国情境对此进行深入解读。最后在探索研究的基础上，对“消极作为”行为的结构进行了验证性研究，主要运用 AMOS 统计软件使用因素分析和结构方程模型，开发和形成了中国情境下的“消极作为”行为结构模型和测量问卷，从而为后续的研究假设和假设验证提供强有力的依据。

第6章，影响“消极作为”行为的前因变量研究：一个多层次分析框架。首先，笔者根据访谈内容对各层面的影响因素进行系统分析，根据访谈内容对其编码，最终构建“消极作为”行为的影响因素模型。其次，利用 SPSS 和 AMOS 等统计软件，通过各变量间的验证性因子分析、描述性分析及相关性分析对所获得的样本数据进行基础性检验。最后，运用多元层次回归分析的方法分别对各影响因素之间的关系进行了检验。

第7章，“消极作为”行为的效应释放：一个跨层次研究。首先，根据访谈内容对“消极作为”行为带来的影响后果进行归纳，分别对组织的影响和个体的影响进行讨论，对样本的基本情况进行介绍，并对各变量的测量工具以及数据处理方法予以说明。其次，利用 SPSS 和 AMOS 等统计软件，通过各变量间的验证性因子分析、描述性分析及相关性分析对所获得样本数据进行基础性检验。最后，本章运用多元层次回归分析的方法对作用效果之间的关系假设进行检验。

第8章，效应释放的心理机制研究。首先基于“消极作为”行为的作用结果从个体层面对“消极作为”行为的心理机制进行探讨，构建了一个个体层面的心理机制模型。其次运用结构方程模型对其进行检验。

第9章，研究结论与展望。本章在“消极作为”现实情境和组织行为相关研究的基础上，综合借鉴和运用来自管理学、组织行为学、人力资源管理领域的理论基础，结合选择的我国各地区的实际案例和具体情况，通过理论和实践相结合的方式进行理论分析和实证研究，进而得出以下五个方面的研究结论：①构建了“消极作为”行为的维度结构。②探索了“消极作为”行为的测量量表。

③分析了来自不同层面的"消极作为"行为因素。④通过跨层研究"消极作为"行为的效应释放。⑤探讨了"消极作为"行为效应释放的心理机制。

本书的逻辑思路及章节安排如图1-2所示。

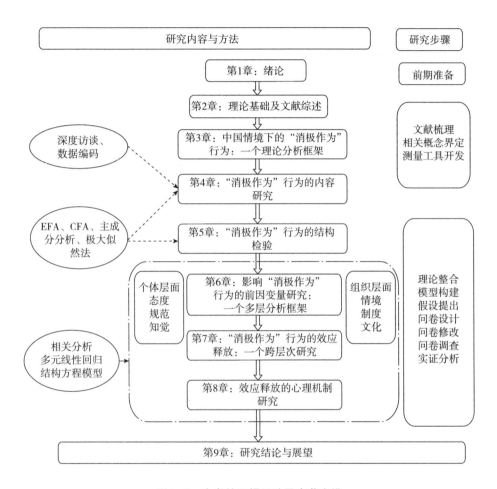

图1-2　本书的逻辑思路及章节安排

1.4.3　研究方法

1.4.3.1　扎根理论法

本书试图运用国内外学者在概念探索和维度发展中所倡导的扎根理论（Grounded Theory）来探讨和分析中国情境下"消极作为"行为的概念模式。首先，在现象界定和文献分析的基础上，邀请公共部门的领导者、公共管理和组织行为学学者开展广泛的专家访谈，并收集相关资料。其次，对数据进行逐步编码，包括所有人员的号码识别、开放编码（一级编码）、关联编码（二级编码）、主轴编码（三级编码），以及对编码结果加以讨论。最后，初步形成"消极作为"行为概念模型的内涵和外延，并将初步形成的概念模型反馈到原始资料中，以便对模型饱和度进行检验，必要时应补充资料，并再次进行资料整理与理论建构。如此反复，直到最终形成"消极作为"行为的概念模型。

1.4.3.2 深度访谈法

本书为探索性研究。要厘清"消极作为"行为这一概念的内涵及其影响因素，需要借鉴相关领域高级管理人员和专家的经验与见解。因此，本书较多地采用了深度访谈法。具体来说，在"消极作为"行为概念模型的探索性分析阶段，主要采用一般性的专家访谈，通过对上海市、山东省、河南省、新疆维吾尔自治区等地的不同级别的公共部门人员进行一对一访谈，并收集各方的观点和数据资料，为"消极作为"行为概念的初步定义奠定了基础。为了能够深入了解"消极作为"行为的内涵与表象特征，本次访谈分两个阶段进行，共计36人。根据事先设计好的访谈提纲，对36名公共部门人员进行半结构化访谈，了解其对"消极作为"行为的理解，探索"消极作为"行为在我国公共部门中的具体表现形式、形成因素及可能产生的后果。在访谈的过程中，按照提纲提问的同时采用随时捕捉信息的方法，适时补充问题并进行引导。同时，记录下现场访谈实况，并及时对原始访谈记录进行整理和编码。

1.4.3.3 问卷调查法

问卷调查法是国内外社会调查中广泛采用的一种方法，主要用于统计和调查的表格，以问题的形式展现出来。问卷调查法是研究者利用控制性方式对所研究问题进行的测量，以收集可靠数据的一种方法。大多数问卷是通过邮寄、个人分发或集体分发获得的。受访者根据表格上的问题填写答案。一般来说，调查问卷比访谈形式更详细、更完整、更容易控制。因此，本书在访谈的基础上，通过问卷调查进行数据收集。本书采用的问卷均是适用于我国情境的、在国际上有影响力的量表，在保证信度、效度的基础上对上海市、江苏省、山东省、河南省、新疆维吾尔自治区等地的不同级别的公共部门人员（公务员、事业编制人员、国有企业员工、医生、教师等）开展问卷调研。

1.4.3.4 统计分析法

本书主要运用 SPSS 21.0 和 AMOS 17.0 软件对调查数据进行处理和分析。采用探索性因素分析、验证性因素分析、描述性分析和回归分析，探索并验证"消极作为"行为在中国公共部门中独特的内容及结构维度、形成机制、影响机制，为今后"消极作为"行为的有效治理提供理论基础和数据支撑。

1.4.4 技术方案

根据研究思路和方法，本书采用技术路线图来说明总体技术方案。在对国内外相关文献进行整理、分析的基础上，分析了"消极作为"行为的理论内涵，以期对"消极作为"行为的组织价值进行定位，为"消极作为"行为内容的理论构建提供强有力的依据。本书的技术路线如图1-3所示。

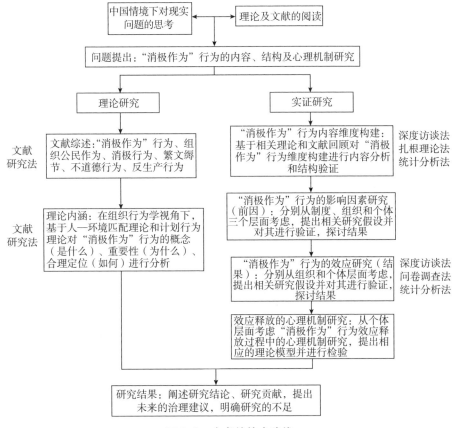

图1-3 本书的技术路线

1.5 本书的创新之处

第一，本书提出中国情境下“消极作为”行为的内容维度建构理念和概念模型，并且开发了一套系统化的、可测量的“消极作为”行为量表，这在中国公共部门行为研究中是一项新的尝试。目前，对于“消极作为”行为的讨论虽然很热烈，但是鲜有“消极作为”行为内涵的结构构建和相关测量内容。为此，本书在借鉴传统的心理学、组织行为学等学科相关研究成果的基础上，对“消极作为”行为进行系统化研究，同时结合我国特殊背景和未来发展要求，通过对“消极作为”行为的理论概述，并以我国不同地区、不同行业、不同部门、不同级别的公共部门人员为调研对象，通过扎根理论、半结构化访谈、统计分析等研究方法对“消极作为”行为的维度进行探索，旨在为中国服务型政府建设背景下有效治理“消极作为”行为提供一个理论基础和治理范式，突破以往行为研究中存在的维度建构难、影响机制散的问题。

第二，为了理解“消极作为”行为影响因素，本书分别从制度环境、组织氛围、个体认知三个层面建立了“消极作为”行为的影响因素模型。目前，学术界更多的是从个体心理、工作特征等角度出发探讨其对“消极作为”行为的影响，对制度环境因素和组织因素考虑较少，更缺乏对深入公共部门了解实际的研究，导致对“消极作为”行为的影响因素的研究缺乏整体感和全面性。为此，笔者从三个层面对“消极作为”行为的影响因素进行考虑：首先是来自制度环境的影响（制度压力），其次是组织氛围的影响因素（中庸思想、繁文缛节），最后是来自个体的影响因素（工作态度、主观动机、心理认知）。同时，从组织层面和个体层面考虑了“消极作为”行为带来的影响，并对它们之间的关系提出了假设和验证。这些影响因素均通过相关文献梳理并结合半结构化访谈进行归纳梳理所得，在此对其进行了深入探索和研究，对影响“消极作为”行为的机制进行了全面系统的分析。

第三，本书以公共部门人员为研究对象，因为“消极作为”的“官”不仅指狭义的官员，而且指具有公共职权，履行公共职责的工作人员。因此，我们专门对不同行业领域的公共部门人员进行了访谈和调研，同时对不同的行业进行了调研，主要想说明以下问题：其一，"消极作为"行为不仅存在于政府部门，而且在公共部门中普遍存在；其二，由于"消极作为"行为是一种行为表现，应该重点从行为学视角对其内容进行理解和展开构建。对此，本书主要从组织行为学、心理学的视角来解释"消极作为"行为，从行为公共管理学的研究视角，改变以往关于"消极作为"行为主要从政治学、社会学、公共管理学等学科视角展开研究的局限性。

2 理论基础及文献综述

2.1 理论基础

2.1.1 人—环境匹配理论

人与工作环境之间的匹配是组织行为领域得到最广泛研究的主题之一（Kristof-Brown et al.，2005）。个人特征与工作环境之间的匹配通常被称为人—环境匹配（Person-Environment Fit）。了解人与环境很重要，因为它对员工组织生命周期的每个阶段的结果都有影响。例如，对匹配的看法可以预测加入组织的决定（Cable & Judge，1996；Turban & Keon，1993）、受雇时的行为和态度（Tziner，1987；Westerman & Cyr，2004）以及退出组织的意图（O'Reilly et al.，1991）。人—环境匹配理论的核心前提是，个体行为并不是由人或环境单独产生的，而是由两者的拟合或一致性产生的。这一简单而有力的概念反映在众多的外部压力与幸福理论中（Cummings & Cooper，1979；Edwards，1992；McGrath，1976）。

人—环境匹配理论包含三个基本区别：一是人与环境之间的区别。这种区别是 P—E 拟合概念化的先决条件，并为检验人与环境之间的相互因果关系提供了基础。二是人和环境的客观表征和主观表征。客观是指人的实际存在的属性，而主观是指人对自己属性的感知（人的自我认同或自我概念）。与此类似，客观环境包括独立于人的感知而存在的物理和社会情境与事件，而主观环境是指人所遇到和感知的情境与事件。客观的人和环境与他们的主观对应物有因果关系（Harrison，1978）。由于知觉扭曲（如压抑、否认）、认知建构过程（Weick，1979）、有限的人类信息处理能力（March & Simon，1958）以及限制获取客观信息的组织结构（Caplan，1987），这些关系是不完善的（Harrison，1978）。三是区分了两种类型的 P—E 匹配。首先是环境要求与人的能力之间的契合。需求包括定量和定性的工作要求、角色期望、团队和组织规范，而能力包括能力、技能、培训、时间和人员为满足需求而聚集的精力。其次是 P—E 拟合需要人的需求和环境中与人的需求相关的供给之间的匹配。P—E 拟合理论概括地描述了需求，包括先天的生理需求和心理需求，通过学习和社会化获得的价值，以及实现预期目标的动机（French & Kahn，1962；Harrison，1978）。供给是指可以满足个人需求的外在资源、内在资源和奖励，如食物、住房、金钱、社会参与和实现的机会（Harrison，1978）。

为什么匹配与员工态度和行为有关？许多理论基础表明，匹配性通过满足需求影响结果。Arthur 等（2006）认为，在理论上，健康与态度之间的关系是建立在这样的基础上的：当健康存在时，环境为个人提供了满足其需求的机会，需要的满足导致了良好的态度，如工作满意度和组织承诺。这一理论基础表明，需求满足可以调解预测变量和结果变量之间的关系，但这一理论假设几乎没有经过测试，例外情况见文献（Cable & Edwards，2004）。虽然人们对人与环境的关系了解得很多，但对影响员工工作成果的人与环境匹配过程知之甚少。

人与环境匹配通常被区分为供给和需求匹配（Kristof，1996）。当个人和工作环境具有相同的特征时，就会出现供给匹配。例如，如果员工和组织都重视创新性，则存在需求匹配。供应匹配以多种方式运作，包括员工和组织在价值观、态度、个性特征或目标方面的相似性（Kristof-Brown et al.，2005）。其中，价值一致性是最常见的表现形式，代表着个体价值观与组织或其成员价值观的相似性；相反，当员工和工作环境具有不同的特征时就会出现需求匹配，但在这种情况下，要在另一个环境中添加一些缺失的东西。也就是说，在需求匹配下，员工或组织提供了其他实体需要或想要的东西。结合这些不同的概念，Kristof（1996）提出了以下适合的定义："匹配是指当：（a）至少一个实体提供了其他需求，或（b）他们具有相似的基本特征时人与组织之间的兼容性，或（c）两者同时具备。"

除了供给匹配和需求匹配的概念有区别，人们普遍认为匹配是一个多维概念（Kristof-Brown et al.，2005；Law et al.，1998）。最常见的匹配类型包括人—职业匹配、人—组织匹配和人—工作匹配。研究表明，这些不同类型的匹配只是适度地相互关联，并且每种匹配与标准的关系都不同（Kristof-Brown et al.，2005）。一个强调心理需求满足对幸福和最佳绩效的重要性的理论框架是自我决定理论，这可能解释了人—环境匹配与员工态度和行为相关的原因。

总之，匹配文献表明，有几个概念（需求和供给匹配）和匹配类型与员工的态度和行为有着不同的关系。相关研究表明，心理需求满足在一定程度上主导了人—环境匹配与员工绩效之间的关系。此外，还需要研究人与环境匹配、心理需求满意度和员工结果之间的关系，以增强对不同类型匹配与员工行为之间存在差异的过程或原因的理解。本书认为，不同类型的匹配可能满足不同的心理需求，不同心理需求的满足与不同的员工行为有关。

2.1.2　社会交换理论

社会交换理论（Social Exchange Theory）是理解工作场所行为最具影响力的概念之一。它的历史渊源至少可以追溯到 20 世纪 20 年代（Malinowski，1922；Mauss，1925），跨越人类学（Firth，1967）、社会心理学（Gouldner，1960；Homans，1958）和社会学（Blau，1964）。虽然人们对社会交换有不同的看法，但学者一致认为，社会交换涉及一系列相互作用。这些交互通常被视为相互依赖，并取决于另一个人的行为（Blau，1964）。它也强调这些相互依赖的交易有可能产生高质量的关系，尽管正如我们将看到的，这只会在某些情况下发生。

社会交换理论起源于 Homans 和 Blau 的社会学著作。在 1958 年出版的《作为交换的社会行为》（*Social Behavior as Exchange*）一书中，Homans 为这种方法奠定了基础，后来在 1961 年发表的《社会行为：它的基本形式》（*Social Behavior：Its Elementrary Forms*）一书中有所扩展。他的工作的重点是基本行为，个人在相互直接互动的行为，形成群体和组织的基础。他将基本行为与制度化的行为形式进行了对比，如遵循规范或角色规定。1964 年，Blau 的《社会生活中的交流与权力》（*Exchange and Power in Social Life*）一书对微观社会行为与宏观群体、组织和机构之间的联系进行了更广泛的论述。对于 Blau 来说，结构的各个部分或元素之间的关系产生了紧急过程，这些过程从各个部分的相互作用演变而来，但不能还原为单个元素的属性。Homans 采用了还原论的观点，认为社会组织的许多"法律"可以从互动部分的行为角度来理解，通常是个人。因此，Homans 认为，心理学原理最终奠定了初级社会行为规律的基础。

虽然 Homans 的研究是针对不成熟的基本行为，但 Blau 的研究目标更为宏观。他希望在健全的微观基础上制定社会结构和制度的理论。Blau 的社会行为观起源于一个更具社会学意义的微观经济学版本，他称之为"社会交换理论"，借用的是 Homans 的术语。Blau 的工作是将微观经济学的逻辑扩展到社会行为分析的主要理论工作之一；相反，Homans 的社会行为分析是基于行为原则的。社会交换理论的基本原则之一是随着时间变化的，关系会进一步发展为信任、忠诚和相互承诺。为此，双方必须遵守某些"交换规则"。交换规则形成了"参与者之间形成或通过特定的情况的交换关系"（Emerson，1976）。这样，交换规则和规范就是交换过程的"指南"。因此，集合在组织行为模型中的使用建立在研究者所依赖的交换规则或原则的基础上，大多数管理研究集中在互惠的期望上。

从社会心理学的角度来看，社会交换理论是处理涉及行为、情感、产品和沟通的人际互动最广泛使用的模型之一（Blau，1964；Homans，1961）。社会交流是一种关系，在这种关系中，参与者在反复出现的场合中表现出彼此的行为，为彼此创造产品，或相互交流（Thibaut & Kelley，1959）。该理论已成功地应用于许多领域，包括市场营销（Dwyer et al.，1987；Morgan & Hunt，1994）、管理（Konovsky & Pugh，1994）等。

社会交换理论还认为，社会互动是基于资源的相互流动或价值随时间变化的行为。交换理论的主要假设（Molm & Cook，1995）包括以下内容：①行为是由增加收益和避免损失的愿望驱动的；②交换关系是在相互依赖的结构中发展的（双方都有从事交换以获取资源的意图）；③随着时间的推移，行动者与特定的合作伙伴进行反复的、相互偶然的交流（他们不从事简单的一次性交易）；④有价值的结果遵守边际效用递减的经济规律（或满足的心理原则）。基于这些核心假设，本书对参与交换的参与者的行为以及不同因素对交换结果的影响进行了不同的预测。

社会交换理论从成本效益的角度看待人际互动，认为这些互动与经济交流类似，只是社会交流涉及无形的社会成本和利益（如尊重、荣誉、友谊和关怀）的交换，不受管理。社会交换与经济交换相似，因为它们都假定一个人的交换行为取决于获得的互惠和同等回报。社会与经济交流的主要区别在于，社会交流不能保证互惠回报等于投资成本。然而，与经济交流不同的是，没有规则或协议来控制这种相互作用。因此，只有在社会交流中才能建立另一方会相互回报的信念，因为每一方都觉得有义务与另一方保持合作关系（Thibaut & Kelley，1959；Blau，1964；Kelley & Thibaut，1978）。根据 Emerson（1981）的定义，交换关系是一种"生产性交换关系"，Dixson（2000）将知识共享描述为一种交换行为。从整体上看，交换关系是以了解成员如何分享他们的知识来完成团队任务的。基于上述理解，采用社会交换理论来探讨团队中成员的具体行为表现是合适的，原因包括：①社会行为是一系列的交换；②个人试图最大化他们的报酬，最小化他们的成本；③当一个人从他人那里得到奖励时，他们会觉得有义务回报他人（Emerson，1981）。

2.1.3　自我决定理论

自我决定理论（Self-Determination Theory，SDT）是一种基于以下前提的动机理论：人类天生渴望发展和发展到最大潜力（Deci & Ryan，1991，2001）。根据SDT，个体发展到最大潜力和功能的最佳程度取决于其满足先天心理需求的能力（Deci & Ryan，2001）。SDT 认为，有四种内在的心理需求对优化功能至关重要：自主性需求（需要控制自己的行为）、关联性需求（需要感觉与他人有联系）、能力感需求（需要对他人产生影响）以及对意义性的需要（需要对一个人的结果和环境产生影响）。这些心理需求的满足与高水平的内在动机有关，也与良好的结果有关（Deci & Ryan，2001）。Deci 和 Ryan（2001）研究了随着时间的推移和跨文化的积极结果（如幸福）与自主性需求、能力感需求和关联性需求之间的关系。

根据SDT，满足这些心理需求对心理成长、最佳功能和幸福感至关重要。考虑到满足这些心理需求的重要性，许多 SDT 研究都集中在促进或阻碍他们满足的社会背景要素上；人与环境匹配可能是其中的一个要素。尽管 SDT 在各种学科中得到了广泛支持，并被理论化进而影响员工的态度和行为，但它在组织环境中很少受到关注（Gagné & Deci，2005）。

由于心理需求满意度在影响个体结果中起着不可或缺的作用，因此，SDT通常对促进或阻碍满意度的个人倾向（如人格特征）和社会环境要素（如奖励结构）进行研究。将 SDT 扩展到组织环境中，可以认为促进或阻碍一个人内在心理需求满足的因素会影响员工的内在动机、绩效、工作满意度和其他与工作相关的标准（Gagné & Deci，2005）。SDT 的核心是区分自主动机和受控动机。自主性包括有一种意志感和选择的经验。用 Dworkin（1988）等哲学家的话来说，自治意味着认可一个人在最高反思水平的行为。内在动机是自主动机的一个例子。当人们觉得某项活动有趣而参与其中时，他们完全是自愿的。相比之下，被控制参与涉及一种压力感，一种必须参与行动的感觉。在早期实验中使用外在奖励被发现可以诱导控制的动机（Deci，1971）。SDT 假设，自主运动和受控运动在其潜在的调节过程和经验方面都存在差异，并进一步表明，行为可以根据其自主与受控的程度来表征。自主动机和受控动机都是有意向的，它们与动机形成了鲜明的对比，后者涉及缺乏意图和动机。

由人们对活动本身的兴趣推动的内在动机行为是原始的——通常是自主的。然而，SDT 的一个重要方面是认为外在动力在其自主与受控程度上是不同的。在 SDT 中，当一个行为被激励时，它被认为是由外部调节的，即由外部的突发事件引发和维持的。这是一种典型的外在激励，是可控激励的原型。当受到外部监管时，人们的行为意图是获得期望的结果或避免不期望的结果，因此只有当行动有助于达到这些目的时（如当老板看着我工作时），他们才有动力采取行动。外部调节是将外部激励与内部激励进行对比时所考虑的外部激励类型。其他类型的外在动机是当行为规范及其相关价值被内部化时产生的。内部化是指人们接受价值观、态度或监管结构，将行为的外部监管转变作为内部监管，从而不再需要外部应急（因此，即使老板不注意我，我也会工作）。然而，大多数内部化理论认为这是一种二分法，也就是说，一个调节要么是人的外部的，要么是被内部化的，SDT 假定一个受控的自主的连续体描述外部调节被内部化的程度。它被内部化得越充分，其随后的、外在的激励行为就越具有自主性。根据 SDT，内部化是一个总体术语，是指内射、识别和集成三个不同的过程。

自主的外在动机要求人们认同自己选择的目标行为的价值。有了明确的规定，人们会感知自由度和意志力，因为这种行为更符合他们的个人目标和身份。最充分的内在化类型，允许外在动机真正自主或自愿，涉及与自己其他方面的认同，即与其他认同、兴趣和价值的整合。有了统一的管理，人们就有了一种充分的感觉，即行为是他们自身的一个组成部分，源于他们的自我意识，因此是由自我决定的。

简而言之，内在动机和综合外在动机是两种不同类型的自主动机（识别出的外在动机是相对自主的）。值得注意的是，SDT 内部化模型不是一个阶段理论，不意味着人们必须就特定行为在这些阶段中保持不变。相反，该理论描述了这些类型的监管，即人们在多大程度上整合了一种行为或一类行为的监管。因此，SDT 建议，在合理的条件下，人们可以在任何时候整合一项新的法规，或整合一项仅部分内部化的现有法规。

综上所述，SDT 提出了一个自我决定连续体，包括从完全缺乏自我决定力的行动到不变的自决力的内在动力。在动机和内在动机之间，沿着这一连续体，有四种类型的外在动机，外在动机是最受控制的（因而是最不自我决定的）外在动机类型，而内在动机、被识别和被整合的外在动机是逐步形成的更多的自我决定。

2.1.4　计划行为理论

解释人类行为的复杂性是一项艰巨的任务。从一个极端的生理过程到另一个极端的社会制度集中，可以在许多层面上探讨这一问题。社会和个性心理学家倾向于关注一个中间层面，即完全发挥作用的个体，其对可用信息的处理可以调节生物和环境因素对行为的影响。涉及行为倾向的概念，如社会态度和人格特征，在这些预测和解释人类行为的尝试中发挥了重要作用（Ajzen，1988；Campbell，1990）。

计划行为理论（Theory of Planned Behavior）是对理性行为理论（Ajzen & Fishbein，1980；Fishbein & Ajzen，1975）的一种延伸，它是原始模型在处理人们不完全意志控制的行为方面的局限性所必需的。图 2-1 以结构图的形式描述了计划行为理论。为了便于展示，不显示行为对先行变量可能的反馈影响。

正如最初的理性行为理论一样，计划行为理论中的一个核心因素是个人执行给定行为的意图。意图被假定为捕获影响行为的动机因素；它表明人们愿意尝试多大努力，计划付出多大努力，就能执行多少行为。一般来说，参与行为的意愿越强，其就越有可能表现出来。然而，应该清楚的是，只有当行为受到

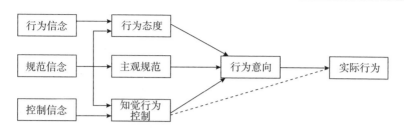

图 2-1　计划行为理论框架

意志控制时，行为意图才能在行为中表现出来，即该人可以随意决定是否执行该行为。尽管有些行为实际上可能很好地满足了这一要求，但大多数行为的表现至少在某种程度上取决于非动机因素，如必要机会和资源的可用性（如时间、金钱、技能、其他人的合作）(Ajzen，1985)。总的来说，如果一个人拥有所需的机会和资源，并打算实施这种行为，那么他应该能够做到这一点。

行为和成就共同依赖动机（意图）和能力（行为控制）的观点由来已久，它奠定了动物学习(Hull，1943)、渴望程度(Lewin et al.，1944)、精神运动和认知任务的表现(Fleishman，1958；Locke，1965)、人的感知和归因(Freishman，1958；Locke，1965)等研究的理论基础。(Fishbein & Ajzen，1974)。同样地，有人建议在更为普遍的人类行为模型中纳入一些行为控制的概念，如"促进因素"形式的概念(Triandis，1977)、"机会的背景"、"资源"或"行动控制"。一般认为动机和能力在对行为和成就的影响中相互作用。因此，预期意图会影响行为控制者的表现，而行为控制者的表现应随着行为控制的增加而增加，直至该人被激励去尝试。有趣的是，尽管交互作用假说具有直观的合理性，但仅得到有限的实证支持。

不言而喻，感知行为控制显示了实际行为控制的重要性：一个人所拥有的资源和机会在一定程度上决定了行为和成就的可能性。然而，比实际控制更重要的心理兴趣是对行为控制的感知，它对意图和行为有影响。知觉行为控制在计划行为理论中占有重要地位。事实上，计划行为理论和理性行为理论的区别在于它增加了对感知行为的控制内容。在考虑行为控制在意图和行为预测中的位置之前，将这种结构与其他控制概念进行比较是有指导意义的。重要的是，知觉行为控制与罗伯特(2010)的知觉控制位点概念有很大的不同。跟强调与特定行为直接相关的因素相一致，感知行为控制是指人们对执行感兴趣行为的轻松或困难的感知。控制点是一种在不同情况和行为形式下保持稳定的广义期望值，而感知行为控制通常会在不同情况和行为中发生变化。因此，一般来说，一个人可能认为，他的结果是由他的行为（内部控制轨迹）决定的，但同时他也可能认为，他成为商用飞机飞行员的机会非常渺茫（低感知行为控制）。

Atkinson（1964）在成就动机理论中提到感知控制的另一种方法。这一理论的一个重要因素是成功的预期，定义为在给定任务中成功的感知概率。显然，这种观点与感知行为控制非常相似，因为它指的是特定的行为环境，而不是一般的倾向。矛盾的是，取得成功的动机并不是指在某一特定任务上取得成功的动机，而是指"个人将自己从一种情况带到另一种情况"的总体倾向（Atkinson，1964）。这种普遍的成就动机被假定为与成功的情境预期以及另一个情境特定的因素（成功的"激励价值"）结合在一起。人们的行为受到他们对形成行为能力的信心的强烈影响（受感知行为的控制）。自我效能信念可以影响活动的选择、活动的准备、表现过程中的努力程度，以及思维模式和情绪反应（Bandura，1982）。计划行为理论将自我效能信念或感知行为控制的构建置于信念、态度、意图和行为之间关系的一般框架内。

根据计划行为理论，感知行为控制和行为意向可以直接预测行为和成就。至少可以为这个假设提供两个理论依据。首先，保持意图不变，努力使一个行为过程成功的结论可能会增加感知行为控制。其次，意图和行为之间有直接的联系。感知行为控制与行为和成就是感知行为控制的一种度量方法，常被用来代替实际控制。当然，感知行为控制的度量能否代替实际控制的度量取决于感知的准确性。当一个人对行为的信息了解得相对较少，需求或可用资源发生变化，或者新的和不熟悉的元素进入这种情境时，感知的行为控制可能是不太现实的。在这种情况下，一个感知行为控制的测量可能不会增加行为预测的准确性。然而，如果感知控制是现实的，它可以用来预测成功的行为尝试的可能性（Ajzen，1985）。

根据计划行为理论，行为表现是意图和感知行为控制的核心功能。为了准确预测，必须满足几个条件。首先，意图和感知行为控制的测量必须符合文献（Ajzen & Fishbein，1980）或与（Ajzen，1988）预期的行为相一致。也就是说，控制的意图和感知必须根据特定的利益行为进行评估，并且指定的上下文必须与行为发生的上下文相同。其次，意图和感知的行为控制必须在他们对行为的评估和观察之间保持稳定。干预事件可能会改变行为控制的意图或感知，影响这些变量的原始测量不再允许对行为的准确预测。最后，确保行为控制的准确性。如前文所述，感知行为控制对行为的预测应该提高到行为控制的每个感知都能够真实地反映实际控制的程度。

2.2　文献综述

2.2.1　关于"消极作为"行为的研究

（1）"消极作为"行为的内涵

"消极作为"虽然看似很简单，但要科学分析其内涵逻辑并非易事。不同的人从不同的角度对"消极作为"行为有不同的理解和表达。在现代公共行政领域，"消极作为"是一个亟待解决的现实问题。2016 年，习近平总书记在省部级主要领导干部学习贯彻党的十八届五中全会精神专题研讨班上，把"不作为"分为三种情况："一是能力不足而'不能为'，二是动力不足而'不想为'，三是担当不足而'不敢为'。"①唐亚林（2015）认为："官员不作为的原因和表现形式多种多样，需要按照不同的层次和分类加以区别对待。""消极作为"现象主要有四种：官员角色不清或错位；程序、规则不透明；工作饱和评价和绩效评价不当；行为失范引发的心理恐惧（杜福洲，2010）。"消极作为"虽然是一个政风问题，但其危害不亚于行政腐败，也不亚于行政领域的任何一种"变相腐败"。"消极作为"的主要类型有"现象学"和"主观性"。前者包括懒惰和平庸，后者包括不愿、不想和不敢。每种类型都有其不良行为的动机，但本质都会降低行政效率和廉洁性，败坏公共行政的良好形象（楚迤斐，2016）。随着全面从严治党的全面深入推进，党的不良作风不断改进，政治生态逐步净化。但"消极作为"行为增多，主要表现在"慢""庸""懒"三个方面（杨曼，2016）。丁少华（2017）认为，"消极作为"行为主要表现在"当为不为""慵懒以为""为而不够""利我必为""为所欲为"五种类型。"消极作为"行为主要有以下几种表现：一是不吃不拿、消

① 中共中央文献研究室．习近平总书记重要讲话文章选编［M］．北京：中央文献出版社，党建读物出版社，2016．

极怠工，二是无所作为、当太平官，三是提心吊胆、无心做事。事实上，上述"不作为"现象，正是在广大人民群众痛恨腐败、中央打击腐败的情况下，一些官员滋生的所谓"一个清廉包庇一切丑恶"心态的反映，也是以消极的"不作为"抵制反腐，逃避责任的表现。

"消极作为"既是一个政治问题，也是一个社会问题。用马克思主义思想理解"消极作为"的内涵，可以说是一种权力异化现象。也就是说，这种异化被视为政治低效的表现，因为它有权威，但没有履行与权力相对应的义务，没有考虑到人民的利益；社会层面的官员不作为并非源于评价或批评，但要从社会的反映和群众的反馈来体现（吴江，2017）。"消极作为"不是反腐过程中的附属品，在人类的政治活动中，其固有的价值观和行为模式一直处于潜移默化中，呈现出反复再生和稳定生存的轨迹，可以称为不作为政治（邹庆国，2017）。"消极作为"体现出复杂、隐蔽、具有传染性的特征，因此需要及时发现并有效控制（王丹和段鑫星，2016）。干部不干事，是指在权力运行过程中，干部作为权力行使的主体，不能及时、准确、有效地履行岗位职责，导致权力行使不能适应新形势，不能满足广大人民群众的利益和需要（刘子平，2017）。近年来，"消极作为"行为具有很强的隐蔽性和欺骗性，不仅加重了执政成本，降低了执政绩效和国家治理效率，也严重恶化了执政环境，可谓贻害无穷（龚晨，2017）。同时，"消极作为"还是一个官僚体制问题。"官员不作为"是官僚主义制度中的一种顽疾。在官僚体制下，绩效信息很容易被扭曲，很多时候大事化小，小事化了。因此，如何在官僚体制下真实地反映官员的绩效信息成为一个难题（唐晓阳和代凯，2017）。

金太军和张健荣（2016）认为，"消极作为"的官场现象表现为怕政、懒政、怠政，以及选择性地"有所为而有所不为"等。一般来说，我们目前所面对的"消极作为"其实是与行政伦理相悖的消极不作为行为。这种"不作为"一般均发生在可为与可不为的模糊界限处，虽然这种"不为"形式并不会直接违背相关的法律和政策规定，但它直接影响公共利益或对公共利益的实现产生负面影响。由于不可控制因素的影响，人们很难确定其表现形式，或者说其更加隐蔽，这也是公众不满的根源（叶敏，2015）。

综上所述，根据相关研究和文献梳理，将"消极作为"行为的内涵归纳为三个方面：行为态度、行为动机和行为意识，如表2-1所示。

表2-1 "消极作为"行为的内涵

维度	表现形式	研究者
行为态度	推诿、倦怠、作秀、钻空子	杜福洲(2010)、王丹和段鑫星(2016)
	懒政、慵政、怠政	楚迤斐(2016)、杨曼(2016)、丁少华(2017)、邹庆国(2017)
	碌碌无为、敷衍了事	任中平和陈娅(2014)、金太军和张健荣(2016)
行为动机	能力不足,不思进取	杨曼(2016)、王丹和段鑫星(2016)、龚晨(2017)
	动力不足,消极怠工	丁少华(2017)、任中平和陈娅(2014)、王丹和段鑫星(2016)、刘子平(2017)、金太军和张健荣(2016)
	利己而为	丁少华(2017)、吴江(2016)、万小艳(2016)
行为意识	瞻前顾后、害怕出错、害怕担责	唐亚林(2015)、楚迤斐(2016)、龚晨(2017)
	没有担当意识、推卸责任	楚迤斐(2016)、任中平和陈娅(2014)、吴江(2017)、曾维和和杨星炜(2017)

资料来源:笔者根据文献资料整理。

(2)"消极作为"行为的影响因素

影响"消极作为"行为的原因有多个层面,从个体层面来看,包括责任意识、个人积极性、工作动机等;从组织层面来看,主要包括组织的环境、氛围、文化和制度规范等。具体而言,《人民论坛》调查报告显示,在解释"不为"的原因时,认为影响因素较为复杂,主要归纳为三个方面:一是受社会氛围的影响,二是受个人心态的影响,三是受体制机制的影响。受传统的行政文化、对从严治党的消极不适应、用人体制机制的缺陷、个人能力品质的影响,导致"消极作为"行为产生(杨曼,2016)。也有学者认为,最应该考虑的影响因素是追求"显性效应"和有效利益(杜福洲,2010)。

影响干部"消极作为"行为的主要因素是党的十八大以来改革方式由分权到集权的转变、前 GDP 理论中单一经济指标的官方任务取向的转变。多目标、反腐倡廉的影响、舆论的压力等因素导致不作为的泛滥,其后果超越了"为官不易"的意识形态界限,偏离了正常的行为轨道。简而言之,它直接影响民生和社会发展(甘守义,2016)。"消极作为"行为是"人治"现象的结果,从文化及管理体制的惯性角度来看,"人治"的弊端依然存在。因此,权力的自我膨胀已经成为一种自然现象,正是因为长期以来权力的任性,才导致了"消极作为"行为的发生。另外,"不为"也源于"难为"。"难"与目前的功能转变有关,我们的官员还没有适应从微观管理到宏观管理的职能转变、简政放权(吴江，2017)。

龚晨(2017)认为，"消极作为"的深层次原因还应归结为，社会环境的变化、传统文化的影响、体制机制根源制度的内在矛盾以及个体本身的认知和能力。王丹和段鑫星(2016)认为，"消极作为"在很大程度上是行政人格异化的结果。它反映了公职人员精神层面的内在变化，导致行政活动过程中意志、被动和能力的缺失。"消极作为"的产生有内在原因和外在原因：内在原因包括"权力减肥"后的不适、激励与绩效的无效以及观念与行为现实的脱节，外在原因是政治生态中存在的习惯和责任的异常(金太军和张健荣，2016)。"消极作为"与制度有关，也与领导的心理因素相关。这包括领导干部对人性的认识、人生的价值取向和人生的境界模式。2014 年，习近平总书记在党的群众路线教育实践活动总结会上就"消极作为"的执政情况作出总结。他把碎片化政府中的治理状态称为"宽大软结构"，具体指的是长期的制度和过程(曾维和和杨星炜，2017)。"宽大软结构"各要素的相互作用，为治理不为型腐败培育了环境，为"消极作为"行为的迅速滋生提供了土壤。使"消极作为"行为在多个层面呈迅速扩散的趋势(见图 2-2)。

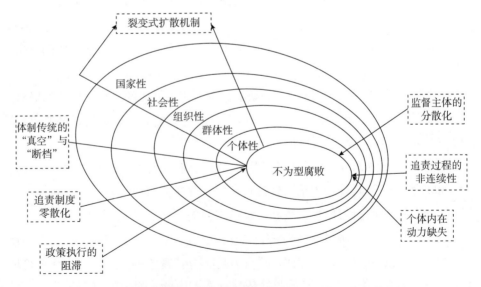

图 2-2　不为型腐败的"宽大软结构"治理状态与裂变式扩散机制

资料来源：曾维和，杨星炜. 宽软结构、裂变式扩散与不为型腐败的整体性治理[J]. 中国行政管理，2017(2)：61-67.

叶敏(2015)认为,官员不作为策略是被现阶段社会中的国家与社会关系所不断强化的(见图2-3)。官员可以根据个人喜好,对上级不要求的但对公众有利的事情,选择作为或不作为。然而,在这一过程中,不可预见的风险将极大地影响官员的行为选择策略。一旦社会风险转化为"事故",社会就会倾斜。为了把风险和责任转移到国家,政府很可能出于稳定的考虑,采取政治上的追责来平息矛盾,从而形成对积极执政者的消极激励。这样一来,很多官员一般会选择不作为的策略来降低职业风险,这将导致官员不作为策略的不断胜利和强化。在这种循环逻辑下,无论是社会还是国家都在不断地对积极官员提供消极激励。综上所述,"消极作为"的出现是多种因素综合作用的结果,同时包含了多个层面的影响,无论何种因素都将直接通过对个人认知、心理以及自我调控进一步影响担当意识与主体责任等,进而导致"消极作为"行为的产生。

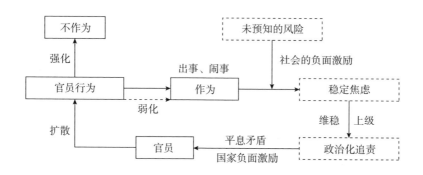

图 2-3 官员不作为的策略选择

资料来源:叶敏.稳定焦虑、风险转嫁与官员不作为:基于"社会中的国家"视角的透视[J].浙江社会科学,2015(4):33-37.

(3)"消极作为"行为产生的影响及治理路径

在中国,一些社会问题主要来自"消极作为"者。他们不仅动摇了执政党的群众基础,而且对国家的政治生态、经济发展和社会建设产生了消极影响,对社会主义核心价值观的落实也有很大的负面影响(丁少华,2017)。楚迤斐(2016)认为:"每一类型的'消极作为'行为都有着不良行为的动机。其共同本质是降低行政效率和廉洁性,败坏公共行政的良好形象。"干部"消极作为"行为会使容易解决的问题不受重视、不积极解决，造成长期搁置、怨声载道、民情流失，深化党群矛盾，使政府机关陷入困境。造成服务功能和信誉缺失的尴尬局面，如果阻止不了，就会传播开。从损害个别群众的利益扩大到损害广大人民的利益，"消极作为"行为也会从个体到团体、从组织层面到国家层面蔓延。最终，突发事件和危机将频繁发生，这将极大损害人民群众的利益，严重威胁社会稳定（曹志新，2016）。

"消极作为"的治理对策主要体现在以下三个方面：一是加强官员的约束。加强对官员的约束主要包括纪律约束和上级约束，这样才能限制甚至惩罚他们的不良行为。二是完善职能和岗位设计，对不同难度和性质的岗位进行分类合并，统一责任制，建立合理的薪酬制度。三是把考核监督主体和考核评价标准适当结合起来（刘重春，2016）。"消极作为"行为的治理方式有很多，但治理的最终效果并没有得到实践的验证。有学者认为，"消极作为"行为的治理需要从"法治"的角度来考虑，需要牢固树立为人民服务的核心理念，以法治的思想强化责任和义务，以健全的激励机制管理干部，完善行政监督和绩效管理（楚迤斐，2016；杨曼，2016）。有学者提出，有效解决"不干事"问题的根本途径是坚持严格用权、依法用权，避免政府闲置，建立法治政府（甘守义，2016）。有研究表明，"消极作为"的治理需要从"人治"的角度来考虑，认为独立行政人格的形成可以有效打击不作为的扩散（王丹和段鑫星，2016）。也有学者认为，"消极作为"行为的治理需要从"制度"的角度来考虑（刘子平，2017）。还有学者认为，要有效遏制不作为腐败的危害和裂变蔓延，形成"为官为民"的治理格局，就必须构建起一个阶梯式、职能一体化、部门协同的综合治理体系（曾维和和杨星炜，2017）。解决"消极作为"行为的关键在于制度建设。制度的完善，可以有效消除庸官的等级，使在任官员在政治上合格，素质过硬，敢于思考，敢于担当。同时，制度的不断完善，将形成各级官员的良性互动以及协同互助的生态链。上级精神和意见要落实到位，垂直部门要切实落实，法令要贯穿始终，永不消亡（曹志新，2016）。孙涛（2016）在借鉴国外发展经验的基础上，强调"消极作为"行为的治理要建立在加强绩效管理的基础上，从文化氛围、制度建设、技术创新等方面建立现代治理体系。

2.2.2 相关概念研究

2.2.2.1 关于组织公民行为的研究

（1）组织公民行为的内涵

Barnard 和 Gardner（1938）首次提出了"组织个体合作意愿"的概念，并指出个体合作和对组织做出贡献的意愿是组织成功的必要条件。随后，Katz 和 Kahn（1978）提出了"角色内行为"和"自愿行为"的概念。角色内行为是指员工根据自身的职责和义务必须完成的角色任务；自愿行为是一种一无行为，主要是指员工主动承担一些职责以外的工作行为，以提高组织绩效和维护组织形象等。

组织公民行为的概念最早是由 Organ（1988）正式提出的，他将组织公民行为定义为"自发的行为表现、非直接或明显地不被正式纳入组织报酬体系的、能够有效提高组织整体效能的角色外行为"。由于组织公民行为不被纳入正式报酬体系及行为的模糊性一直备受关注（Morrison，1994；Posdakoff & Mackenzie，1994）。此外，组织公民行为被重新定义为一种利他行为，它不仅可以维持和改善组织的社会和心理环境，从而提高任务绩效；还可以改善他人或组织的利益。组织公民行为是社会交换理论和社会认同理论的产物，是建立在员工与组织的交换关系和组织认同基础上的。这种行为具有较高的回报意愿和自愿性，对他人或组织有长期的促进作用（Li & Taylor，2014）。

（2）组织公民行为的维度体系

组织公民行为最初仅包含帮助行为和遵从行为（Smith et al.，1983）。在此基础上，Organ（1988）将顺应性演变为自觉性，有助于演变为利他主义，进而发展为包含道德精神、体育精神和友善提醒在内的五个方面的内涵结构。Graham 等（1992）从政治哲学的角度质疑 Organ 的观点。他认为，组织公民行为还应包括忠诚、参与、服从和声誉影响等。对此，许多学者从不同的角度对其进行了改进和完善（George et al.，1992；Will，2012）。Podsakoff 等（2000）梳理了上述研究，将具有相似内涵的组织参与与公民道德融为一体，将善意、利他主义和帮助融为一体，最终得出七个主要维度。Farh 等（2004）在此基础上进行了本土化研究，发现了中国文化背景下组织公民行为的独特维度：保护企业资源与和谐关系。最后，Farh 等（2004）提出了同心圆模型，如图 2-4 所示。尽管观点各异，但合作和利他主义始终是组织公民行为的核心内容(Rubin et al.，2013)。

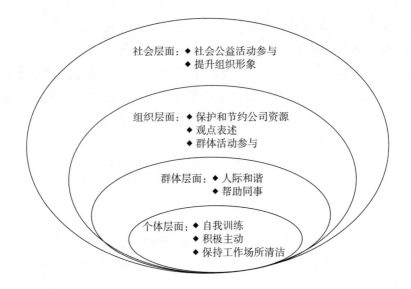

图2-4 同心圆模型

资料来源：Farh J L，Zhong C B，Organ D W. Organizational Citizenship Behavior in the People's Republic of China[J]. Organization Science，2004，15(2)：241-253.

(3)组织公民行为的影响因素

第一，组织公民行为的前因变量。

相关文献分析发现大多数预测变量集中在三个方面：个人特征、组织特征和领导特征。从个人特征来看，个性特征和工作态度对组织公民行为有显著的预测作用。闫巍(2010)指出："主动人格对组织公民行为有正向影响，且对其个人和组织维度有显著影响。"工作满意度(Jehad et al.，2011)和组织公平(Moorman，1991)对组织公民行为有积极的影响。在组织特征方面，个体可以通过感知到的组织支持，即自下而上地弹射出员工有利于同事、主管和组织的行为，做出多维度的组织公民行为(宗文等，2010)。苗仁涛等(2012)发现，组织支持感和组织公平对组织公民行为有显著的影响。柯丽菲等(2007)认为，团队凝聚力对组织公民行为有正向影响，进而对提高工作绩效有正向影响。在领导特征方面，有学者认为，变革型领导风格与组织公民行为之间存在显著的正向影响(吴志明和武欣，2007；耿昕等，2009)；放任型领导负向影响组织公民行为(刘朝等,2014);团队领导心理资本对团队成员组织公民行为有积极的影响(任措等,2013)。

第二,组织公民行为的结果变量。

组织公民行为已成为应用心理学和组织行为学中研究最广泛的课题之一。(Podsakoff et al.,2000)。主流观点认为,组织公民行为有助于形成良好的工作氛围,有效影响员工的工作绩效,进而提高组织绩效(Bies,1989)。这些结论主要基于社会交换理论。员工自发地进行有利于组织或组织其他成员的行为的原因是组织给予个人利益,如物质奖励、社会地位等。然而,基于印象管理理论,组织公民行为的动机不一定是利他的,也可能是利己的(Bolino,1999;Salamon & Deutsch,2006),如塑造好的形象(Bolino,1999)、获得更高的评价、增加晋升资本(Hui et al.,2000),可能会影响绩效评估的公平性,从而恶化团队成员之间的关系,降低组织绩效。大多数研究是将组织公民行为界定为积极的角色外行为(Bolino et al.,2002),这些结论是从组织公民行为的定义而不是以直接的经验推断出来的。或许正是因为这些对组织公民行为的假设"毫无疑问"地存在所带来的利益,以往的研究主要集中在组织公民行为的前置变量上。对组织公民行为结果变量的研究有限,主要涉及销售量(Podsakoff & Mackenzie,1994)、产品质量(Podsakoff et al.,1997)、成本、运作效率、顾客满意度等,而对其负面影响的研究更少(武欣等,2005),仅 Bolino 等(2006)关注了组织公民行为带来的负面影响,指出组织公民行为可能加剧工作家庭冲突,导致不公平的绩效评价和角色超载,但一些实证研究和元分析没有验证这一观点。Bolino 等(2015)提出了公民倦怠(Citizenship Fatigue)这一概念,概括了由组织公民行为引起的抑郁、疲劳或焦虑的个人状态。

(4)公务员的组织公民行为

以往关于组织公民行为的实证研究大多以企业为研究对象。一般来说,对组织公民行为的前因变量和结果变量的研究主要是对组织公民行为概念内涵和结构的探索。也正是因为对组织公民行为的研究主要源于企业,国外学者对公务员组织公民行为的研究主要集中在与工作特性关系(Taylor & Jeannette,2013;Vigoda,2000)、与领导力关系(Kim,2012;Vigoda – Gadot & Beeri,2012;Kasa & Hassan,2015)、与工作满意度关系(Tang & Ibrahim,1998;Abdullah et al.,2016)、与组织公平关系(Asghari & Poor,2012;Zeng & Ye,2016)、与人事实践关系（Watty-Benjamin & Udechukwu，2014）方面。

根据组织公民行为的自愿性和利他主义倾向，政府部门更加强调员工行为对伦理道德、公共服务、组织政治等研究的路径选择，因此，一些学者开始尝试从公共管理、社会管理等视角研究组织公民（Ryan & Deci，2000；Vigoda，2000；Rayner & Williams，2012；Zarea，2012）。公务员组织公民行为的影响因素主要归纳为组织因素（组织利益、权力与资源分配）、领导因素（领导方式）、个体因素（主动性、组织认同、自我实现、归属感、公平感知）以及工作特征因素（技能多样性、任务重要性、任务完整性）四个方面（胡重明，2010；白洁等，2012；李旭培等，2012；施建红和季超，2013；张建人等，2017）。

2.2.2.2 关于繁文缛节的研究

（1）繁文缛节的概念和内涵

一直以来，繁文缛节被视为一种"官僚主义疾病"。随着新公共管理运动的兴起，繁文缛节成为新公共管理运动的一部分。Bozeman（1993）提出了政府繁文缛节理论，定义了政府繁文缛节的概念。根据科学数据库的相关文献，西方公共管理学界对繁文缛节的研究主要集中在五个方面：繁文缛节的概念化、繁文缛节的分化、繁文缛节的影响、繁文缛节的起源、超越繁文缛节。Bozeman（1993）认为，繁文缛节是"仍然有效且需要以成本为代价遵守的规则、条例和程序，但它们无助于实现规则的目标"。由于这一概念受到了质疑和辩论，Bozeman（2012）经过修改提出了一个多维的繁文缛节概念，即"成本合规的规则、法规和程序对指定的利益相关者仍然有效，但它们对利益相关者目标或价值的贡献小于这些规则的服从和执行成本"。由于测量的方便性，繁文缛节是主观感知的概念成为主流。有学者认为，只有通过个人主观判断，规则才是组织目标的负担或障碍，才能解释繁文缛节的存在（Pandey，1995；Pandey & Scott，2002；Pandey & Welch，2005；Pandey et al.，2007；Gupta，2013）。

繁文缛节通常意味着过度或无意义的文书工作，高度的形式化和约束（Hall & Benjamin，1972），不必要的规则、程序和条例，效率低下，不合理的延误，以及由此产生的沮丧和烦恼（Bozeman，1993）。Kaufman 和 Feeney（2012）解释说，繁文缛节产生的原因并不是官僚的恶意或无能，而是两个令人信服且相互关联的因素：确保政府程序具有代表性和责任感；满足公民和利益集团的要求，并且这些要求往往是支离破碎的。一系列的理由可能被描述为一个行政

"公地悲剧"：每个约束和要求都包含在某个机构的要求中。当然，每个人都不想让所有人失望；相反，即使是基础最广的利益集团，也只关心一小部分政府活动。但是，太多人之间存在着如此多样的相互关系，以致个人的适度要求产生大量的官方文件和令人困惑的程序迷宫。因此，产生繁文缛节的部分原因是对政府行动的专门要求太多。Bozeman（1993）将繁文缛节分为两种类型：一是先天性繁文缛节（Rule-Inception Red Tape），二是后天性繁文缛节（Rule-Evolved Red Tape）。但为了实现法律目标和维护公平正义，需要存在一些繁文缛节。Kaufmann 和 Feeney（2014）把这条本来就很好但过于烦琐的规则称为"好的规则"。规则的效果将直接影响个体对繁文缛节的认知。

（2）繁文缛节的影响因素

在确定繁文缛节的因果关系时，一个最重要的因素是已经成为繁文缛节的规则的来源。令人惊讶的是，这一问题几乎没有得到关注，除非通过间接的外部控制和问责。从管理者的角度来看，每个内部和外部的区别都暗示着不同的繁文缛节。处理内部产生的繁文缛节的关键可能只是改变规则。对于外部强加的繁文缛节，这一选择可能是开放的，也可能不是开放的。同样，内部影响很可能直接导致无效和士气丧失，外部影响可能导致客户流失和客户不满意（没有直接的和必要的内部影响）。必须注意，外部的规则可能会变成内部的繁文缛节。也就是说，规则的来源不一定是繁文缛节的原始来源。在 Bozeman 的定义中，繁文缛节是一种病理现象或消极现象。根据这种理解，一般认为繁文缛节会对个人和组织产生负面影响。然而，繁文缛节是一把"双刃剑"，有时会成为组织创新的动力。有学者将繁文缛节影响因素从正面/负面、微观/宏观、前因/后果三个维度进行研究（林民望，2015）。

第一，个体层面。

个人特征会影响他们对繁文缛节的看法。Pandey 和 Scott（2002）发现，工作疏离感与繁文缛节正相关。但是，工作疏离感的测量与工作动机、工作参与和工作满意度存在一定的交叉（Welsh & Ordóez，2014）。因此，Torenviled 和 Akkerman（2012）进一步细化了个体特征变量的选择，发现组织归属对繁文缛节的存在正向影响；相反，公共服务动机（Scott & Pandey，2005）、工作满意度（Feeney，2012）负向影响繁文缛节水平。Davis（2013）发现，组织与个体的整合也会影响对繁文缛节的认知。

繁文缛节对个人也存在积极和消极的影响，从相关文献梳理可以发现消极的影响明显大于积极的影响。繁文缛节不仅会影响员工的公共服务动机（Moynihan & Pandey，2007），还会降低他们的工作满意度、工作绩效和组织认同（DeHart & Pandey，2005）；当正式的规则变成繁文缛节时会降低员工的组织归属感（Hamann & Foster，2014）。研究表明，正式规则有时会有助于团队内部的相互合作，因为此规则在一定程度上能确保个体安全、程序公正、避免冲突等（Chen & Rainey，2014）。

第二，组织层面。

有研究表明，除了个体特征对繁文缛节的影响，组织特征也会影响对繁文缛节的感知。一个组织的规模、类型和公开程度与组织的繁文缛节程度密切相关（Feeney，2012）。也有研究表明，一线工作人员更容易感受到繁文缛节（Li & Feeney，2014）。与私营部门相比，公共部门的繁文缛节更多。在实证研究中组织特征变量大多数被作为控制变量控制。另外，繁文缛节对组织也存在双面影响，消极影响往往多余积极影响。繁文缛节负向影响组织绩效（Jung & Kim，2014）。综观以往的研究可以发现，大多数学者在研究繁文缛节时认为组织中的繁文缛节与组织创新能力存在负相关关系。由于组织创新被视为电子政务发展的基础性标志，因此和认为繁文缛节会限制电子政务的发展和应用（Li & Feeney，2014）。还有研究表明，当繁文缛节作为组织创新的激励因素时，其可以促进信息技术的发展（Moon & Bretschneider，2002）。

2.2.2.3 关于不道德行为的研究

（1）不道德行为的内涵

不道德行为会对人际关系、组织和经济系统造成重大损害。美国认证欺诈审查员协会（ACFE，2008）的一份评估报告显示，美国企业因各种形式的不道德行为损失了大约7%的年收入，相当于整个经济体损失了1万亿美元。尽管有些人计划通过不道德的行为来获得机会主义利益（Brief et al.，2001；Lewicki et al.，1997），尽管许多人一开始是出于善意的目的，但最终参与了不道德的行为。相关文献已经开始识别重要的心理因素，有意或无意地影响着作出不道德行为的决定（Caruso & Gino，2011；Chugh et al.，2005；Schweitzer & Gibson，2008；Schweitzer et al.，2004）。尽管越来越多的文献研究了关于导致有良好意图的人做出不道德行为的因素，但仍然没有答案。

不道德行为被定义为对他人产生有害影响的行为，并且"对更大的社区来说是非法的或道德上不可接受的"(Jones, 1991)。根据这一定义，不道德行为包括违反道德规范或标准、欺骗、偷窃和其他形式的不诚实行为。我们关注其中一种不道德行为的具体形式：为了金钱利益而夸大表现的欺骗。与其他类型的不道德行为类似，过度表现的欺骗行为具有诱惑力，因为它提供短期利益(金钱回报)，所以可能损害个人的道德自我概念，并产生长期成本(如声誉受损或社会接受度较低)。例如，一个关心道德的经理可能会被诱惑夸大他的支出报告或计费时间，因为这些行为与更高的经济回报有关。然而，这些短期利益可能会对他的声誉、已建立的关系和长期盈利能力造成长期损害。因此，作出不道德行为的决定通常需要人们权衡两种对立的欲望：最大化自身利益的欲望和保持积极道德自我形象和未来关系的欲望。为了解决不道德行为的短期利益和长期利益之间的内部冲突，个人必须自我控制(Mead et al. , 2009)。也就是说，自我控制是一种心理能力，它使人们能够实施与其长期目标一致的行为，并避免从事由短期自私动机驱动的行为。Samsonova-Taddei 和 Siddiqui(2016)则认为，不道德行为是组织违背行业规则的不顺从行为。

(2)不道德行为的构造维度

Caruana(2001)通过访谈和问卷调查将不道德行为分为两个维度：欺骗性不道德行为和敏感性不道德行为。其中，欺骗性不道德行为主要是指可以被观察到的欺骗性行为，敏感性不道德行为主要是指不易观察的道德内在行为。Bennett 和 Robinson(2000)把工作场所的不道德行为分为组织不道德行为和人际不道德行为，在此基础上，对工作场所不道德行为开发了测量指标。其中，组织不道德行为包含 12 个测量指标，人际不道德行为包含 7 个测量指标。另外，他们还对以往研究中的 53 个测量问题进行了汇总，并进一步分析了工作场所的不道德行为。他们通过探索性因素分析指出，不道德行为可以用 5 个独立的、相互关联的因素来衡量：以财务人员为导向的不道德行为，包含 10 个测量指标；以消费者为导向的不道德行为，包含 8 个测量指标；以雇员为导向的不道德行为，包含 5 个测量指标；以供应商为导向的不道德行为，包含 7 个测量指标；以社会为导向的不道德行为，包含 7 个测量指标。总之，学术界对不道德行为没有统一的衡量指标和尺度。学者根据自己的研究需要，从不同层次提出了相应的衡量不道德行为的量表，但其信度和效度仍需进一步检验。

（3）不道德行为的影响因素

为了厘清不道德行为研究的主要观点和成果，本书归纳总结了国外对不道德行为的前因和结果的研究成果（见表2-2）。

表2-2　国外对不道德行为的影响前因和结果的研究成果

变量		影响因素	研究者
前因变量	组织制度层面的因素	薪酬结构	Ameer 和 Halinen（2019）
		组织目标的设定	Welsh 等（2014）
	个体层面因素	性别、教育背景等	Joners 和 Kavanagh（1997） Volkema（2004） Belle 和 Cantarelli（2017）
		关系治理结构、持续时间	Carter（2000）
	组织间关系层面	组织间关系类型、关系结构	Brass 等（1998）
		组织成员间关系类型、结构	Zuber（2015）
	组织的外部环境因素	外部环境	Baucus（1994）
		文化和制度环境	Cullen 等（2004）
结果变量	组织绩效	企业长期绩效	Duanxu 等（2017）
		企业短期绩效	Gubler（2018）
	消费者购买意愿	消费者购买意愿和支付价格	Creyer 和 Ross（1997）
	组织间关系和网络	组织间网络质量和结构	Sullivan 等（2007）
		组织间信任	Hill 等（2009）

资料来源：笔者根据文献资料整理。

2.2.2.4　关于反生产行为的研究

（1）反生产行为的概念

近年来，反生产行为才被作为一个独立的研究方向，并且大多数研究主要针对企业，其实反生产行为很早就已存在。泰勒（2013）在《科学管理原理》一书中试图用更多的规范和更详细的规则来防止组织中出现消极懒惰等反生产活动。Kaplan（1975）首次将反生产行为作为研究员工违犯组织行为的重点，认为员工违犯组织是一种主观上对组织规则和人员造成利益损害的行为。Robinson 和Bennett（1995）界定的反生产行为的概念得到了广大学者的认可。他们认为，反生产行为是员工有意违反组织规范的行为表现，可能会给组织和个体的相关利益带来影响的消极行为。还有学者认为，反生产行为实质上是员工消极的角色外行为的总和（Fox et al.，2001；张永军等，2012；张建卫和刘玉新，2009；刘文彬等，2015）。

通过以上论述可以看出，反生产行为是从组织角度提出的一种替代性工作行为，表现出三个特征：①是一种会威胁或损害组织或个体利益的消极行为；②是一种由主观意念控制的自发性行为；③是一种不在职责范围内的角色外行为。

（2）反生产行为的结构维度

学者为了方便对反生产行为进行研究，试图将反生产行为在实践中的表现形式进行梳理并分类。较为典型的反生产行为的结构模型如表2-3所示。

表2-3　反生产行为的结构模型

结构维度	提出者	结构内容
二维结构	Hollinger 和 Clark（1984）	财产偏差行为 生产偏差行为
	Robinso 和 Bennett（1995）	行为指向：人际政治反生产行为、侵犯他人反生产 严重程度：行为生产反生产行为、财产反生产行为
	Graf 等（2017）	人际反生产行为 组织反生产行为
	Galperin（2012） Germeys 和 De Gieter（2017）	组织—人际 任务相关性
三维结构	Neuman 和 Baron（1998）	敌对行为 妨碍行为 公开地攻击行为
	Kobler 等（2016）	生产偏差行为 财产偏差行为 人际攻击行为
四维结构	彭贺（2011）	人际指向 组织指向 消极式任务指向 激进式任务指向

续表

结构维度	提出者	结构内容
五维结构	Khan 等（2013）	攻击 敌对 破坏组织财产 偷盗 工作疏离
	陈维政和张燕（2009）	偷盗和不正当地使用组织各种资源 蓄意破坏属于组织的东西 消极怠工 在工作情境中的各种暴行 对组织有害的组织政治行为
	刘文彬等（2015）	公司政治行为 贪污侵占行为 渎职滥权行为 敌对破坏行为 工作怠惰行为

资料来源：笔者根据文献资料整理。

通过文献回顾可以看到，虽然反生产行为结构的模型很多，但迄今为止还没有一个模型被完全认可。通过文献综述还发现，Bennett 和 Robinson（2000）基于行为取向提出的二维结构模型的认可度较高。反生产行为的作用机制及影响因素的探讨还需要我们进一步对其类型进行系统化研究（Spector & O'Connell，1994）。

（3）反生产行为的发生机制

Shannon（2015）基于归因理论认为，认知失衡的归因方向是影响反生产行为形成的重要因素。Hunter 和 Penney（2014）认为，个人在评估环境事件后所感受到的消极情绪将直接导致员工做出反生产行为。本书主要基于反生产行为机制的整合模型（见图 2-5），找出适合中国情境的反生产行为的发生机制。并将涉及的因素分成主观因素和客观因素两类。

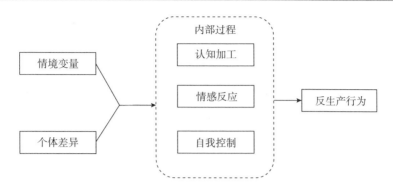

图 2-5 反生产行为机制的整合模型

资料来源：彭贺. 知识员工反生产行为的结构与测量[J]. 管理科学，2011(5)：12-22.

2.3 影响员工消极行为的因素研究

消极行为可能是间接的，也可能是直接的，还可能涉及暗示或排斥。本书所提到的消极行为主要是指在工作场所中个体所表现出来不利于组织发展的行为。本书提到的消极行为不仅包括攻击性语言，还涉及范围更广泛的行动和避免行动。许多变更管理活动可能被视为消极行为，如以一种不尊重员工的方式实施管理，或者不具有包容性或协商性的管理活动。计划和实施不当的变革、僵化的工作实践和安排，以及公共部门管理者对行为准则的狭隘解释，都可以认作消极行为的体现。

正如前文提到的，我们很难估计组织中消极行为的程度。因为不同的研究者使用的方法不同，提出的问题也不同，并专注于不同形式的消极行为。然而，很明显，消极行为是工作场所普遍存在的一个问题（Quine，2001）。Pearson 等（2000）将消极行为归类为工作场所的一种不文明行为，是一个在工作中常见的严重问题。在各种研究中看到的消极行为的具体形式是多种多样的。Quine（2001）发现，报告中最常见的行为是转移目标、隐瞒必要的信息、过度的工作压力以及持续地贬低或破坏他人工作的企图。Hoel 和 Cooper（2006）对多个工作部门的研究显示了类似的结果，最常见的负面行为包括：①影响个人绩效的信息；②忽视你的意见和观点；③设定不合理或不可能的目标；④面临无法管理的工作量。

在很多文献中，作者都认为工作场所消极行为产生的原因包括高度竞争的工作环境、工作不安全、威权管理风格、组织变革、严格的工作期限、培训不足、缺乏员工参与决策、缺乏明确的工作程序、工作量过大、多技能培训、工作压力过大（Burnes & Pope，2007）。薪酬管理作为人力资源管理的重要组成部分，是员工工作满意度和组织绩效的关键因素。这一观点在许多研究中得到了支持。许多学者研究了高绩效人力资源管理实践，并认为这有助于为组织留住高素质的员工（Jones & Wright，1992）。激励工资对员工的消极行为产生显著的负面影响（Yi & Wang，2011）。这可能是因为当公司采用激励工资时，员工通过努力工作可以获得更多的回报，这有助于提高员工的工作积极性，减少他们的消极行为。Batt（2002）认为，提高工资可以获得员工的信任，激发员工的依恋和承诺。激励性薪酬为员工提供了获得更高工资的合法途径，有助于减少他们在工作中的消极行为，增加他们对组织的依恋，有助于激励员工将精力放在工作上。通过进一步的研究发现激励工资并不能影响所有的员工。对于组织承诺水平较高的员工而言，激励工资对其消极行为有显著的负面影响；而对于组织承诺水平较低的员工而言，激励工资对其消极行为的影响不大。

如何保持员工高水平的组织承诺，提高低组织承诺员工的承诺，是充分发挥激励工资作用，减少员工不良行为的关键。先前的研究发现，工作满意度、挑战性工作（Buchanan，1974；Hall & Benjamin，1972）、反馈（Porter et al.，1974）、晋升机会和公平（Mathieu & Zajac，1990）将影响员工的行为。同时，组织应注重提高员工的工作满意度，增加工作反馈、晋升机会和公平性的挑战，以保持员工高水平的组织承诺，降低员工的消极行为。

还有研究表明，消极行为与员工的健康有关。Bowling 和 Beehr（2006）发现，不同的行为，如抑郁、焦虑与身体症状有显著的关系。其他研究人员发现，工作场所中的欺负或消极行为以及员工离开组织的意图与不健康有间接联系（Djurkovic et al.，2004）。这些研究证实，当员工受到工作场所心理危害的负面影响，并且上述行为在个人或群体中表现突出时，组织中会出现高缺勤率和高离职率。

哥本哈根大学心理学系的一项研究中发现，在工作场所受到负面环境影响时，离职风险较高。Hogh 和 Hoel（2011）发现，经常暴露在消极的工作环境中与高离职率之间有很强的相关性。本书突出了三个重要的影响因素：领导能力差、经常暴露在消极行为中以及长期影响工人的健康问题（Hogh & Hoel，2011）。因此，员工的消极行为导致了生产率低、创造力差和工作质量下降。这些阻碍了一个组织在竞争环境中的竞争能力、雇用和留住人才的能力，以及营造健康的工作环境的能力。工作场所不应容忍消极行为，这对于组织和个人来说代价太昂贵了。此外，消极行为破坏了组织的目标、愿景和最终的成功。每当组织中暴露出这种消极行为时，应该在整个组织中实施零容忍政策。管理者和领导者应持续监控工作环境。管理者需要制定一个开放的政策，让所有的员工谈论他们在组织中可能遇到的问题。

2.4 员工消极行为的效应研究

员工的消极行为会带来很大的负面影响，不仅会带来严重的经济损失，而且会对其他员工造成严重的负面影响。如导致过度的人员流动、造成职位空缺和士气下降，还会造成客户流失和关键技术的泄露。如何提高员工的工作积极性，减少员工的消极行为已成为一个重要问题。消极行为对组织有效性和个人福祉也会产生不利影响，尤其是对个体长期的心理伤害，甚至引发更多的不道德行为（Hoel et al.，2003）。Pearson 等（2000）认为，不尊重的言行会对目标造成心理伤害。当工作场所相互尊重的准则不被遵守时，目标会出现不公平的感觉进而产生负面影响。此外，消极行为的影响可能会在事件发生后持续很长一段时间，同时会在目标中产生额外的相关认知和情感反应，如困惑、恐惧，甚至恐慌。从本质上讲，当"组织的风气、政策或内部规章受到个人或团体的违反，可能危及组织或其公民的福祉"时，这种行为被视为工作场所的负面行为（Robinson & Bennett，1995）。

在全球范围内，对工作场所中的负面行为的管理越来越受到关注，因为此类行为可能会损害个人利益或组织利益。无论负面行为是表面的还是潜意识的，未经授权的组织行为都会对实体产生负面影响。消极行为包括不遵守领导的指示、故意放慢工作周期、迟到、轻微盗窃以及不尊重同事或与同事一起粗暴行事（Galperin，2002）。消极行为在一定程度上不仅违反了社会规则还违反了重要的组织规范（Spreitzer & Sonenshein，2004）。

对消极行为越来越感兴趣的动力是这种行为在工作场所的流行率越来越高，以及与这种行为相关的巨大成本（Peterson，2002）。多达75%的员工有以下一种或另一种形式的消极行为：贪污、故意破坏或旷工（Robinson & Bennett，1995）。据报告，普遍的员工消极行为每年对美国经济的影响估计为500亿美元（Henle et al.，2005）。此外，人际工作场所偏差的受害者更容易受到压力相关问题的影响，表现出生产力相对下降、工作时间损失和相对较高的离职率（Henle，2005）。因此，对于组织来说，在财务和其他方面，有很大的动机来防止和阻止任何消极行为的产生。

虽然个人在工作场所中从事消极行为有许多原因，但主要原因是工作组织对这种行为的无视。虽然社会重视诚实的人，但一些组织依靠不诚实和欺骗的员工来获得成功（Sims，1992）。这些类型的组织称为"病态组织"，其特点是业绩不佳、决策能力差、员工不满程度非常高以及员工压力远远超出正常工作量问题（Coccia，1998）。"病态组织"的发展将高度依赖员工，他们的个人议程与组织的需要不匹配。"病态组织"的发展也可能存在一个不道德或精神不健全的无效管理者（Sims，1992）。

鉴于此，组织可能被视为一个连续的整体，从职能良好的组织到对员工和领导造成破坏的"病态组织"（Sims，1992）。"病态组织"鼓励工人从事反规范行为的一个假设称为"底线心态"（Appelbaum et al.，2005）。Sims（1992）将这种心态解释为鼓励不道德行为以获取经济收益。实践底线心态的个人将工作道德视为其主要盈利目标的障碍。另一个导致个人在工作场所从事消极行为的因素是行为模式的影响（Appelbaum et al.，2005）。社会学习理论认为，一个组织或任何群体中的偏离角色模型，都会影响群体中的其他人实施偏离行为（Appelbaum et al.，2005）。在评估组织结构中消极行为的影响时，强调工作场所中群体的影响是很重要的。研究表明，一个群体环境中的偏离角色模型将显著地影响该群体中的其他人。此外，消极行为的产生也会给组织或组织成员带来不同程度的压力。研究表明，除了工作量，所有的压力源都与消极行为有直接关系

（Appelbaum et al. , 2005）。

Appelbaum 等（2005）还认为，消极行为是影响工作环境的预测因素。Henle（2005）的研究表明，工作场所产生的消极行为能够直接影响工作环境的特征。消极行为可能给组织带来的影响包括工作压力、组织挫折感、对工作环境控制以及组织结构变化（如裁员）。基于人和基于情境的消极行为之间存在强烈的互动，是因为个性是情境性的，其改变了个体对特定情况的理解和反应。

人们在许多不同的层面上研究了消极行为的影响。在个人层面上，消极行为通过影响个性变量和工作场所情况的性质，可能会影响偏离行为（Peterson，2002）。除了人格变量和工作环境，消极行为的影响效应还包括组织认同、内部监督以及组织绩效（Caruana，2001）。

马基雅维利主义是另一个被认为与个人和群体的消极行为有关的特征，指的是一个人在与同事打交道时试图操纵他人完成工作场所中的无关任务的策略（Robinson & Bennett，2000）。为了公司的整体利益，这种操纵往往会触及道德规范。

3　中国情境下的"消极作为"行为：

一个理论分析框架

本章首先以人—环境匹配理论为基础，以计划行为理论为指导思想，在厘清"消极作为"行为异于普遍意义上的理解后，尝试对什么是"消极作为"行为进行深入探讨。其次通过进一步分析，期望回答"为什么'消极作为'行为变得严重"这个问题。最后在厘清"是什么"和"为什么"的基础上，本章初步确定"消极作为"行为的建构取向，从而为后续的维度建构提供参考依据。这不仅有利于厘清"消极作为"行为的内涵，也对构建"消极作为"行为的维度具有一定的指导意义。

3.1　"消极作为"行为建构取向

"消极作为"行为的建构和激发，主要取决于"消极作为"行为的建构取向。此外，我国公共部门的异质性以及我国公共部门工作人员的实际工作特质，也决定了"消极作为"行为特有的建构价值取向或定位。基于公共管理的学科视角，在回答"'消极作为'行为是什么"这个问题后，本节对"消极作为"行为进行合理的建构，以期通过"消极作为"行为的建构指向提供一个有效的理论框架。

3.1.1　"态度"取向

"消极作为"行为建构的"态度"取向可以通过"懒惰人"行为理论来理解。政府管理主要以传统行政理论为指导，强调通过治理公职人员的行政伦理，倡导诚实守信的美德，树立为人民服务的良好态度来提高行政效率。"懒惰人"行为理论强调了员工在工作中存在懒惰的心态、缺乏工作主动性和进取心、缺乏担当意识使个体往往达不到组织要求，完全体现了一种主观的不负责态度。因此，需要在规章制度的约束下努力完成组织任务和目标。"懒惰人"行为理论更多地描述了一种"倦怠性不作为"行为(张宗贺和刘帮成，2018)。

"态度"取向又称思想上的"贫血"。在这里主要是指"庸懒散为"，它体现了庸政、懒政、怠政。这类人员并不是自身没有能力做事，只是出于享受安逸的价值观，对工作存在不感兴趣、不思进取、得过且过、推卸责任、恐惧担责、只顾眼前利益、满足于现状，不求有功但求无过的态度。这类人的做事态度表现为多做多错，少做少错，不做不错，为了不错尽量不做。在面对工作职责时总是抱有侥幸心态，表现出"不想为"的态度。还有一些干部能力跟不上新形式的变化，思想保守，学习态度不积极，最终产生"不愿为"的态度。对于"态度"取向的不作为主要表现在面对问题缺乏主观判断，缺少自信心，缺少自主应对工作挑战的勇气。习近平总书记强调，要积极引导我们的思想、态度和道德水平。但是，"态度型不作为"者思想意识缺失，主观判断弱化，道德意识淡薄，责任意识缺位，面对公众时总是态度敷衍、心浮气躁，处理问题时漫不经心、敷衍了事。"态度"取向的不作为还体现出公职人员的"德行"，缺失"态度"就意味着个体在生活中的自我教化的德行被忽视。一个个体一旦失去了道德的约束就意味着任何制度的漏洞都可以对其进行侵蚀，进而为腐败的滋生提供了温床。因此，个体只有具备较高的道德品质、保持良好的个人心态，才能保持良好的工作态度，积极承担工作职责。

3.1.2 "动机"取向

"消极作为"行为建构的"动机"取向可以通过自我决定理论来理解。自我决定是一种潜在的经验选择，它建立在充分了解个人需求和环境信息的基础上，个人可以自由选择自己的行为。自我决定理论认为，动机、内在需要和情感是自主行为的动机来源，主要强调自我在动机过程中产生的积极作用。自我决定的潜力可以引导人们从事有利于能力发展的有益活动，这种对自我决定的追求能够有效地激发人类的内在动机。

"动机"取向又可认作行动上的"乏力"。部分公务人员"为官"动机不纯。自我决定理论基于经验的人类动机、发展和健康理论，其关注的是动机的类型，而不仅仅是数量，特别关注自主动机、可控动机和情感动机，以及作为绩效、关系和幸福结果的预测因素。它讨论了增强和减弱这些类型动机的社会条件，发现支持自主性、能力和关联性的基本心理需求的程度对动机的类型和强度都有影响。自我决定理论还考察了人们的生活目标或愿望，显示了内在的生活目标和外在的生活目标与心理健康的差异关系。

尽管许多激励理论主要将激励视为一个统一的概念，侧重于人们对特定行为或活动的总激励量，但自我决定理论从区分激励类型开始。最初认为一个人的动机类型或质量对于预测许多重要的结果，如心理健康和幸福感、有效的表现、创造性地解决问题的能力比动机的总数更重要。大量的研究已经证实，这种最初的想法是正确的。在自我决定理论中最重要的是自主动机和控制动机的区别，自主动机强调在理想情况下将其融入自我意识。当人们有自主动机时，他们会体验到意志，或是对自己行为的自我认可。控制动机包括认同动机、羞耻回避、偶然自尊和自我牵连。当人们被控制时，他们会感受到以特定方式思考、感受或行为的压力。自主性动机和控制性动机都能激发和指导行为。

3.1.3 "心理认知"取向

"消极作为"行为构建的"心理认知"取向可以通过"社会交换"理论来理解。社会交换理论主要强调人类行为中的心理因素，也由此被称为行为主义社会心理学理论（Back，1965）。它主张人类的一切行为都是通过相互交流得到回报的。因此，一切活动都可以看作一个相互交流的过程，社会关系则可以作为社会交往过程中交换的结果。需要强调的是在社会交换过程中，需要互帮互助，接受的一方必须进行相应的回报，否则这种交换关系可能就会中断。当然，人们在交换中并不都是以利益最大化为目的，而是想通过一定的社会交换得到自己想要的东西。对此，良好的社会交换关系，更可能激发员工的工作积极性，促使员工做出更多回报组织的行为；若违背公平原则员工就可能做出懒政、怠政以及相互推诿等各种形式的不作为行为。因此，好的社会交换关系能激励组织成员做出回报行为，而不好的社会交换关系会导致组织成员做出消极不作为行为。

"心理认知"取向又称精神上的"缺钙"。一些干部缺乏理想信念，责任感缺失，在工作上只重视个人名利，忽视社会利益，注重物质追求，忽视了民生问题。理想信念是支撑一个国家、民族和党政团结的精神基础。最危险的动摇就是理想和信念的动摇。习近平总书记强调："理想信念就是精神上的'钙'，理想信念不坚定，精神上就会'缺钙'，就会得'软骨病'。"①其次，要教育干部树立正确的权力观。习近平总书记指出："权为民所赋，权为民所用。"领导干部要时刻提醒自己做好人民的公仆，多为群众办成事、办好事。②

3.2 "消极作为"行为理论解析

现实中，这种"为官不为"的干部，不仅引起广大群众的不满，也引起党中央的高度重视。2016 年 1 月，习近平在省部级主要领导干部学习贯彻党的十八届五中全会精神专题研讨班上指出："这个问题极为重要，现在看来也十分紧迫。"还重点强调："受成长经历、社会环境、政治生态等多方面因素影响，当前干部队伍也存在种种复杂情况，一个突出问题是部分干部思想困惑增多、积极性不高，存在一定程度的'为官不为'。对这个问题，我们要高度重视，认真研究，把情况搞清楚，把症结分析透，把对策想明白，有针对性地加以解决。"新时代中国出现的"消极作为"并不是一个新现象，而是经过长期体制机制的侵蚀所遗留下来的"旧问题"。由于反腐工作的推进，使一系列的制度出现导致很多"乱作为"现象得到有效制止，原本被扭曲的行政行为得到矫正，但并没有建立起相应的激励机制来促使公共部门人员积极作为，反而促进了更多的"官僚主义"、"形式主义"和"只重显功不求潜功"的行为出现，进而促使了"消极作为"行为的出现，这类现象统称"消极作为"行为。

然而，我国公共部门一些"官僚主义"和"形式主义"依然存在。"怕出事不

① 习近平."平语"近人：习近平谈理想信念[EB/OL].新华网，2017-10-05. http：//www. xinhua-net. com//politics/2017-10/05/c_1121763712. htm.

② 习近平.这个问题极为重要也十分紧迫[EB/OL].人民网，2016-05-12. http：//politics. peo-ple. com. cn/n1/2016/0512/c1001-28346225-3. html.

干事"的消极态度更加明显，这在很大程度上与公共部门人员的职业性质相悖，这些行为在给公共部门公信力带来危机的同时，也给未来中国建设服务型政府带来了阻碍。因此，"消极作为"行为成为我国今后在国家治理和服务型政府建设中急需解决的一个重要问题。

3.2.1 "消极作为"行为发生的理论基础

本章通过对"消极作为"行为的剖析，进一步以人—环境匹配理论和计划行为理论为基础对"消极作为"行为进行深入解析。本节在介绍人—环境匹配理论和计划行为理论的同时，还将该理论与个体行为的关系进行具体说明，不仅对"消极作为"行为所具有的本质共性进行了描述，而且探究了计划行为理论下"消极作为"行为的内涵来尝试回答"什么是'消极作为'行为"。

3.2.1.1 基于人—环境匹配理论的"消极作为"行为的理解

人—环境匹配概念可以追溯到 Lewin 等（1944）提出的匹配理论的形式化表述。人与环境匹配理论包含三个关键区别：一是人与环境之间的区别。二是客观的人和主观的人与环境的区别。客观的人指的是实际存在的人的属性，而主观的人指的是这些属性是如何被人感知的。三是客观环境是指现实中存在的情景和事件，主观环境是人对情景和事件的感知。客观人影响主观人，客观环境影响主观环境。由于选择性注意、知觉扭曲、信息获取和处理障碍，主观的人和环境是客观对应物的不完美表现（Harrison，1978）。根据人—环境匹配理论可知，当环境不能提供足够的供给来满足人的需求或人的能力不能满足有助于接受供给的需求时，就会产生一定的压力。因此，如果供给需求有助于满足人的需求，当供给不足或需求超过能力时，人与环境匹配就会使人产生压力。压力源于主观的而非客观的人与环境不匹配，因为主观的不匹配源于人和环境与紧张、应对和防御之间产生的联系（Harrison，1978）。人—环境匹配理论认为，只有当满足需求产生有价值的供给，或者当需求被内化为欲望或目标，就像一个人将角色期望作为指导方针时，过度需求才会产生压力进而影响个体行为。同时，Lewin（1944）的场论（Field Theory）通过公式 $B = F(P \cdot E)$ 指出，行为是个体与环境共同作用的结果。

"消极作为"行为是一种个体的行为表现，因此本书将"消极作为"行为作为个体与个体所处环境匹配的结果变量，通过对来自不同维度的匹配和参与行为的关系来进一步研究"消极作为"行为的内容结构及影响因素。而对"消极作为"行为研究的动机调查表明，满足不同的心理需求、获得报酬以及学习新知识和新技能均视为个体产生不作为行为的主要动机，心理需要的满足正是互补性匹配中的研究主流内容，属于需要—供给匹配，而学习新知识和新技能与个人能力密切相关。据此，人—环境匹配理论能够清楚地解释出"消极作为"行为不仅是个体行为导向的，而且受到外部环境的影响。因此，其为"消极作为"行为影响因素的分析框架提供了重要的理论依据。

3.2.1.2 基于计划行为理论的"消极作为"行为的理解

计划行为理论（Theory of Reasoned Action，TRA）是由 Ajzen（1991）提出的。计划行为理论是一个决定个人采纳或维持某一特定行为的决定因素的理论，它是应用最广泛的理性行为理论的延伸（Fishbein & Ajzen，1975）。Fishbein 和 Ajzen（1975）认为，态度对行为的影响是通过行为意图的中介完成的。根据理性行为理论的观点，行为意向是由态度（对行为的全面正面/负面评价）和主观规范（来自重要他人的社会压力）决定的。基本信念最终决定了个体的行为态度和主观规范。

计划行为理论强调信息和动机对行为的影响，可以看作考虑处理模型，因为它意味着个体在仔细考虑可用信息的基础上作出行为决策。计划行为理论强调态度导致行为的心理过程的研究和对从个人态度知识预测行为失败的分析。计划行为理论认为意志行为的近端决定因素是一个人参与该行为的意图。意图代表了一个人的动机，从他的有意识的计划或决定上努力实施行为。当在与行为、目标、背景和时间框架相同的特异性水平上进行测量时，意图和行为被认为是密切相关的（Fishbein & Ajzen，1975），同时根据特定行为的态度通过意图对行为产生影响。在暗示行为完全在意图的控制下时，计划行为理论将自己限制在意志行为上。需要技能、资源或机会但不能自由利用的行为不属于计划行为理论的适用范围（Fleishman，1958）。

计划行为理论还试图通过将对行为表现的控制感来预测非政治行为（Ajzen，1988）。考虑对控制的感知是非常重要的，因为它们将理论的适用范围扩展到复杂的目标和结果，这些目标和结果依赖一系列复杂的其他行为的表现。该理论是个体对行为表现得容易或困难程度的感知（Ajzen，1991）。这个概念类似自我效能概念。控制被视为一个连续体，一端是易于执行的行为，另一端是需要资源、机会和专业技能的行为目标。意图和行为之间的联系反映了一个事实，即人们倾向于参与他们想要执行的行为。然而，计划行为理论与行为之间的联系更为复杂。这种关系表明，我们更有可能从事（有吸引力/可取的）自身可以控制的行为，并表明我们无法进行自身无法控制的行为。已有研究表明，TPB 对各种研究领域的主要原则给予了大力支持（Ajzen, 1991；Armitage & Conner, 2001）。TPB 的原则也被用来解释人类的行为，如道德行为（Lin & Ding, 2003）、依从性（Elliott et al., 2003）、变革型领导的出现（Bommer et al., 2004）、员工自愿离职（Allen et al., 2005；Breukelen Vander Vlish, 2004）与求职行为（Wanberg et al., 2005）。本书将借助这个框架进行"消极作为"行为分析。

在计划行为理论中，态度是行为意图的一个预测因子。态度是个体对行为的总体评价。该理论还将主观规范指定为意图的另一个决定因素。主观规范是指一个人认为其他人是否应该参与行为的信念。重要的是其他人的行为属于个人行为，并认为一个人在这个领域的行为偏好对个体行为的产生起到了重要作用。主观规范被认为是社会压力对个人履行或不履行一个特定的行为表现。态度成分代表了行为的感知结果或属性。"消极作为"行为不仅取决于个人意图，还取决于缺乏足够的行为控制水平。感知行为控制一旦缺失，将直接影响人们的行为表现。根据计划行为理论，行为态度是决定行为结果正向或负向的关键。因此，对于公职人员来说，行为态度能够更好地反映个体的内在心理因素，主观规范能够更好地反映外部环境的影响，而感性行为控制就是个体对工作任务的心理感知（张宗贺和刘帮成，2018）。"消极作为"行为是一种个体做出的消极行为表现，它不被正式的规章制度所控制，而是被个人主观能动性控制。同时，"消极作为"行为也涉及人际的相互沟通和交流。"消极作为"行为的表现不仅需要行为意向的形成，还需要对其他个体的影响力有很强的感知。因此，计划行为理论是分析"消极作为"行为特征的一种合适的理论模型。

采用计划行为理论的基本原理是个人在人—环境交互过程中被视为有意的因素和主动的因素。就"消极作为"行为而言，文献表明，在个体确定是否从事此类行为之前，员工倾向于权衡其结果的好与坏（何丽君，2015；金太军和张健荣，2016）。"消极作为"行为主要由三部分共同解释：个体的态度、个体的动机和对"不作为"的感知行为控制。其中，第一部分涉及个人对"消极作为"的态度，主要是指个人对行为的正面或负面评价。当一个人追求一个特定的目标时，有两类态度会影响行为意图：对成功的态度和对失败的态度（Ajzen，1991）。一个积极的行为前景将导致满足、高兴和快乐，将出现维持或增加此类经验的具体意图；相反，当人们预料到不愉快的结果时，可能会有恐惧、担心或焦虑的情绪反应。

3.2.2　"消极作为"行为的界定

根据第 2 章文献综述发现，国内外不少学者对"消极作为"行为概念进行了界定（楚迤斐，2016；龚晨，2017；金太军和张健荣，2016）。目前，对"消极作为"行为还没有一个具体的内涵界定。首先，我们应该理解当前出现的"消极作为"行为是一个个体行为，并不是"什么工作都不做、不管不问"，也不是过去所说的"没事干"，而是在特定语境和特定内涵下的消极行为表现（张宗贺和刘帮成，2018）。在党的十八大以来全面从严治党的背景下，"消极作为"之"官"，狭义上是指具有一定行政级别和行政权力的公职人员，广义上是指手握公共职权、承担公共职责的公务人员。"消极作为"中的"消极"，并不是说"不做"，而是指不积极做、慵懒作为、散漫作为、利己而为（张宗贺和刘帮成，2018）。客观地说，对于具有理性的人员而言，其权力行为的运行都建立在动机的基础上。如果有明确的行为动机、行为规范，即使产生的行为并不理想，这样的行为也不会被认为是"消极作为"行为；只有看似按规章制度办事、规范有序，但做事的行为态度和动机有偏差，在履职过程中出现"不积极主动、不尽心尽力""形式主义""官僚主义""只重显功不求潜功"等行为（刘帮成，2018），才属于本书所讨论的"消极作为"行为。

前文主要对计划行为理论下"消极作为"行为概念进行了解析。然而，这种对"消极作为"行为新的解析并没有完全排斥传统意义上的不道德行为，正如前文对"消极作为"行为进行一般意义上的概念界定时所说，"消极作为"行为概念需要以传统行为概念为基础，借助不道德行为等消极行为表现进行理解。总体上，笔者认为"消极作为"行为与普遍意义上的一些消极行为存在本质上的共性。首先，用道德的标尺来衡量，它属于不道德的行为表现。也就是说，虽然工作职责没有明确规定具体的工作细则，但作为公共部门人员，有义务和责任对公众负责，在服务公众的过程中主动产生的不负责的行为均可以视为一种不道德行为。其次，从主观态度上看，它是一种故意行为表现。也就是说，每个个体在表现出"消极作为"行为的时候都清楚地知道这种行为的本质，并且依然为之。最后，从个体动机上看，它是一种消极被动的行为表现。也就是说，工作还是要进行的，事情还是会做的，但何时进行、何时完成就无关紧要了。

3.3 "消极作为"行为影响机制的理论解析

本章拟采用"压力—紧张—结果"(SSO)模型作为分析"消极作为"行为影响机制的理论框架来解释个人行为和过程的重要组成部分。在行为科学中，很少有多维度的测量方法能像倦怠的三维结构那样结合成一个如此广泛的宏观概念。倦怠包括情感和生理上的衰弱（情感上的疲劳）、对个人效能的轻视（失败感与成就感），以及对客户的态度（人格化）。当然，现有的心理测量评估很容易在提议的可接受范围内重新解释：通常观察到的相互关系很容易归因于变量的密切理论相互关系，如它们作为单个结构的相关组件的状态。在 SSO 模型框架内，压力指的是环境刺激（客观事件），参与者认为并解释为麻烦的和潜在的干扰。这些事件包括所有涉及客户、同事和其他被社会工作者视为麻烦的事件，如工作超载、官僚作风僵化、角色冲突/好奇心、缺乏机构支持等。应变的中介因素是指对行为体集中、生理学和情绪的破坏性影响，即与情境刺激相关的负面影响。过度劳累是一种证明，我们将其与情绪衰竭联系起来，并将其视为感知压力事件对态度和行为结果影响的媒介。因此，只有在感觉到压力的情况下经历过疲劳（情绪衰竭）的人才会表现出消极的结果，即压力对结果有间接影响，这不是不可避免的，但取决于经历过疲劳的程度。结果是指长期的压力和压力所造成的持久的行为或心理后果，如身体或心理症状，这些症状通常是产生疾病（如溃疡、抑郁）的原因。作为结果，其还包括相当一般的态度倾向和行为意图或决定，如工作满意度、辞职意向以及对客户态度的变化。

中国公共部门人员面临的最大的工作压力源是职业发展，这与国外所谓的职业安全压力源是密切相关的。Lee(1993)曾提出，工作不安全感恰恰是雇佣情境中最重要的压力源之一。换言之，由于员工的职业安全感较低而产生的心理状态会驱使其表现出对工作的偏离或"不作为"行为，此举会极大地破坏组织成员对组织的忠诚度、承诺感知及绩效行为（De Cuyper & De Witte，2007），更不用说其对自身未来职业发展的影响。例如，中国"制度因素"的压力源与国外"组织变革"的压力源其实是一对相互作用的压力源。事实上，制度因素和组织变革相辅而行，因为制度作为一种非技术因素，对组织变革有着重要的影响，而组织变革反过来又会催生制度因素的调整。Scott 和 Pandey（2005）认为，制度一般由人的认知、规章和规范等方面的结构和活动构成，并且正是这些结构和活动使组织成员的社会行为呈现具体意义和稳定性（叶超，2016）。

Spector 和 O'Connell（1994）的研究表明，角色冲突除了会影响员工的态度和组织承诺，还会给组织成员带来负面情绪以及对工作产生厌烦心理，由此做出不礼貌行为、抱怨行为以及"不作为"行为（Hansson et al.，2008；Martelli et al.，2012）。工作过载、角色因素、组织变革、人际关系等这些压力构成因素在较高的不确定性以及个人控制缺失的情况下往往会导致较强的负面影响；并且，除了生理影响（如健康问题），工作压力源往往直接或间接地通过员工的消极态度刺激消极行为的产生。在工作压力源持续不变或者上升的情况下，个体组织成员较易出现工作场所偏离行为、反生产行为、焦躁行为、躲避行为等负面行为（叶超，2016）。这些行为与当前"消极作为"行为一样持续存在，它们不但使公职人员的诸多正向行为停滞不前，更严重的是这些行为所带来的结果在很大程度上将有损公共部门人员队伍的建设（叶超，2016）。因此，有效减少公职人员工作压力源对行为产生的影响是目前公共管理研究和实践者急需解决的一大问题。

4 "消极作为"行为的内容研究

4.1 研究目的

在全面深化改革背景下"消极作为"行为不断地扩散和恶化，成为我们急需重视的现实问题。它的存在不管是对经济形势的企稳、市场秩序的巩固，还是对社会力量的培育都产生了不同程度的影响(张宗贺和刘帮成，2018)。目前，对于"消极作为"行为还没有一个统一的概念界定，更没有将其作为一种组织行为来进行系统性研究。同时，对于"消极作为"的内涵也很难准确把握。特别是针对"消极作为"行为的内容及结构的具体化研究，目前学术界还比较匮乏，同时对于什么是"消极作为"行为并没有一个清晰的界定，而本书第 3 章正是通过探究公共部门人员的"消极作为"行为的内涵、价值和建构取向来回答公共部门"'消极作为'行为是什么"、"为什么重要"以及"如何构建"等问题，对"消极作为"行为未来的维度建构具有有效的指导意义，更好地为"消极作为"行为的解读提供一个清晰的理解框架，为后续的结构检验以及影响机制的研究奠定基础。

4.2 研究设计及过程

4.2.1 研究方法

本书采用的是扎根理论的研究方法。扎根理论是定性研究方法中最适合理论建构的方法（Iii，1994；Shah & Corley，2006；Suddaby，2006）。对扎根理论的构成要素有多种理解，本书借鉴 Strauss 和 Corbin（1994）提出的扎根理论，通过资料收集、分类与编码、关键事件的归纳和总结等，进行概念和理论构建，具体操作流程如图 4-1 所示。

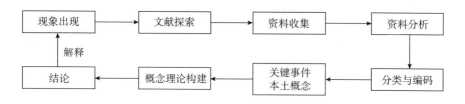

图 4-1 扎根理论的操作流程

本书在文献阅读的基础上，主要采用深度访谈的研究方法，深度访谈作为一种定性的研究技术，对探索和开发一些特定的概念和内涵具有显著的作用。它能够有效地实现与研究对象面对面的交流和沟通，更深入地了解被调查者的真实观点和感受。此外，通过访谈可以及时根据受访者的回答捕捉相关问题，获取深层次信息，灵活把握研究问题的方向。

深度访谈主要包括结构化访谈、半结构化访谈、非结构化访谈。结构化访谈是相对正式的，具有一定的指导性，将事先决定好具体的问题和反应的可能性；非结构化访谈相对自由，整个过程均是以一种开放的形式进行问答；半结构化访谈则介于两者之间（王重鸣，2001）。通常情况下，对于实地研究，运用非结构化访谈方式更合适，但是考虑到中国公共部门人员以及"消极作为"行为的特殊性，我们采用半结构化访谈方式，根据设计好的访谈提纲（见附录1）对受访者进行访谈，并根据访谈的实际情况，进行适当的调整以深入访谈相关问题的方向和内容。在访谈过程中，研究者可以在对提纲问答的同时灵活询问与研究相关的问题，允许受访者在回答提纲问题的同时结合自身工作对研究问题进行自由发挥。

4.2.2 研究样本及过程

2017 年 12 月至 2018 年 2 月，笔者分别在上海市、江苏省、山东省、河南省、河北省、新疆维吾尔自治区进行了样本采集，共联系了 43 名公共部门领导及相关工作人员进行一对一访谈，其中7名人员在约定的时间由于一些原因没能接受采访，因此最后对36名领导及员工进行了访谈，具体包括公务员、事业单位员工、教师、医生、国有企业员工等。本次访谈尽可能地保证部门及行业的多样性，以更为全面地反映"消极作为"行为的概念内涵，强化后续"消极作为"行为维度构建的完整性。访谈人数共计36人，访谈样本的基本信息如表4-1所示。为探索当前公共部门"消极作为"行为的普遍性，本次访谈样本的选取是有目的地选取不同性别、年龄、职位、工龄的不同行业人员，尽量保证样品的多样性和代表性。

表4-1　访谈样本基本信息

受访人员编号	工作岗位	性别	年龄（岁）	参加工作时间（年）	目前岗位任职时间（年）
001	国家电网职工	男	36	9	9
002	国家烟草局副科长	女	29	6	6
003	中国人民银行职员	女	31	4	4
004	大学教师	女	29	2	2
005	刑警大队副科长	女	32	6	6
006	中国人民银行职员	女	24	2	2
007	中国人民银行职员	男	28	3	3
008	医生（专家）	女	44	16	12
009	大学教师	女	28	2	2
010	大学教师	女	29	4	4
011	区委组织部副部长	男	38	12	4
012	卫生健康委科员	男	46	20	16
013	研究所副主任	男	33	6	4
014	发展改革委科员	男	28	3	3
015	市委组织部科员	男	36	8	3
016	高中教师	男	29	5	5
017	大学教师	女	28	3	3
018	交通局副科长	女	30	6	6
019	大学教师	女	42	17	9
020	大学教授	男	47	15	10
021	国家烟草局副科长	男	32	8	5
022	工商局副局长	男	50	26	18
023	公务员文秘	女	32	7	4

续表

受访人员编号	工作岗位	性别	年龄（岁）	参加工作时间(年)	目前岗位任职时间(年)
024	财政局局长	女	50	28	20
025	人民法院行政科科长	男	34	16	11
026	交通局事故科副科长	女	32	9	7
027	监狱管理局副科长	男	30	7	7
028	信访局副科长	女	29	7	7
029	税务局局长	女	36	11	11
030	税务局科员	男	30	6	6
031	医生	男	35	10	10
032	派出所所长	男	39	14	9
033	人民检察院职员	女	29	3	3
034	纪检委办公室主任	男	52	28	17
035	土管局局长	男	47	23	15
036	土管局科长	男	39	16	16

本次访谈按照中部、东部、西部地区划分，分别选取上海市、江苏省、山东省、河南省、河北省、新疆维吾尔自治区的 36 名公共部门人员作为研究对象进行访谈。整个调研过程分为两个阶段完成：第一阶段为 2017 年 12 月，其间主要对上海、江苏、河南、河北地区公共部门人员进行访谈；第二阶段是 2018 年 2 月，其间主要对山东和新疆地区公共部门人员进行访谈。调查主要采取文案材料查阅与半结构化访谈相结合的方式，查阅了各地区的"消极作为"的相关案例，结合案例特点制定出相关的访谈提纲。分别与 12 个公共部门进行沟通并说明调研的目的，征求同意后对各部门的相关领导及员工进行了访谈，了解了他们对目前中国"消极作为"现象的认识、总体评价与看法，并询问了在下一步治理方面的意见和建议。访谈时间主要是由各部门相关人员帮忙协调的，根据各部门领导的时间空当进行逐个开展，一般职员的访谈则是在每个人下班后的空档进行单人访谈，每位人员访谈时间控制在 20~30 分钟。访谈结束后，及时对访谈记录进行整理，在进一步校验与核对后对所有访谈记录按照 001~036 的序号进行编码排序，以此作为"消极作为"行为结构建构的原始数据。本书将访谈的 36 位人员随机分为两组：一组（24 份访谈记录）用于扎根理论研究，从而进行编码处理和分析；另一组（12 份访谈记录）用于理论饱和度的检验。

4.3　结构式访谈分析

为了保证访谈数据的可靠性和可比性，我们根据访谈提纲(见附录1)，进行提问、引导和记录。根据 Yin(2003)的建议，为了提高访谈内容的可靠性，将所有的访谈记录均按照相同的方式进行整理。访谈均为一对一进行，分别通过面谈、电话访谈、网络访谈等方式完成，单次访谈20~30分钟，在受访对象中，男性为19人，女性为17人；年龄为25岁以上；受教育程度以本科及以上为主。具体统计信息如表4-2所示。

表4-2　访谈样本描述性统计($N=36$)

	变量	人数(人)	比例(%)		变量	人数(人)	比例(%)
性别	男	19	53	婚姻状况	已婚	27	75
	女	17	47		未婚	9	25
年龄	25岁及以下	1	3	受教育程度	大专及以下	0	0
	26~35岁	21	58		本科	13	36
	36~45岁	8	22		硕士	18	50
	46岁及以上	6	17		博士	5	14
工作年限	5年及以下	9	25	职务	高层领导	2	5
	6~10年	14	39		中层领导	11	28
	11~15年	8	22		基层领导	14	32
	16~20年	3	8		一般员工	9	35
	21年及以上	2	6				

4.3.1　内容维度编码及分析过程

运用扎根理论将24份访谈记录全部数据内容进行编码。

4.3.1.1　开放式编码

本书主要围绕"'消极作为'行为是什么"以及"'消极作为'行为的构成维

度"这两个核心主题展开论述，目的是对整理好的原始记录进行有效的整合、归纳、分类、编码。进行开放式编码主要是用开放的心态对所收集的材料进行整合，以新的方式进行重新组合并归类的过程，在这个归类过程中根据理解赋予新的概念，并从归纳中理解概念的类别和属性，从而确定其维度构成，然后根据理解进行命名。Jeon(2010)提出，在使用扎根理论的整个过程中不能将自己的个人主观意见和主观见解带入研究，整个数据的分析过程需要以自由开放的心态发现现象的根源、深入理解概念的内涵，对研究问题的数据进行系统性分析，才能使开放性编码更加有效。

根据开放性编码的要求，本书对第一组访谈材料(24 份访谈记录)进行数据分解，根据客观判断和综合理解，将所有访谈内容整理出 174 条原始事件记录并对其进行了概念化分类。鉴于所有参与人员采用的访谈大纲相同，公共部门人员的共同特点比较明显，我们邀请了相关公共部门人员和专家不断对原始事件进行比较、归纳和筛选，根据对概念的理解进行讨论，最后形成了涵盖 24 份访谈材料的 42 个概念和 19 个范畴，如表 4-3 所示。

表 4-3　开放性编码形成概念与范畴

范畴	概念	原始事件记录(样本码)
A1 工作懒散	a1 陈旧思想	对待工作思想陈旧、处理问题的惯性思维和路径依赖(01)
	a2 懒政怠政	工作纪律散漫、规范自身行为松弛，应付作风建设(14)
	a3 拖沓懒散	在工作过程中遇到事情总是能推则推、能拖则拖(06)
A2 重表态轻实干	a4 工作实效	在政策落实上只说不做，承诺的事情很少落到实处(10)
	a5 自我要求	对待自身工作忽略高标准注重低要求(03)
	a6 形式主义	处理事情经常求稳怕乱、忙于"做样子"(19)
A3 职责认知模糊	a7 制度认知	审核把关不严，讲人情关系，有意拖延，迫使别人"公关"(12)
	a8 工作内容认知	对待本职工作没有进行过深入了解，作决定全凭经验(16)
A4 制度约束不足	a9 年龄制约	有些老员工会仗着自己年龄大，公然不开会、迟到早退(05)
	a10 权力制约	有些干部和老员工总将自己的工作安排给其他同志做，自己享清闲(09)
A5 工作效率	a11 时间观念	平时对待工作不讲实效、不顾大局，总是被催促着才能完成任务(10)
	a12 工作时间	每天都工作足够多的时间，但浪费的时间远远大于投入的时间(12)
A6 工作质量	a13 完成程度	对不能胜任的工作，不积极学习，却糊弄了事，导致最终问题很多(34)
	a14 程序烦琐	经办的事务可以一次性解决的，却让别人反反复复进行办理(02)

范畴	概念	原始事件记录（样本码）
A7 逃避 责任	a15 行为逃避	工作中出现问题习惯找"他因"，"上推下卸"化解责任、不敢担当（20）
	a16 内心逃避	面对重任撂下挑子，只想推不想管，对问题视而不见（31）
A8 失去 工作热情	a17 没有动力	守位子、看摊子、推着干，工作意识淡薄、不再想邀功领赏（16）
	a18 没有目标	不吃不拿、满足于一般化，对待工作平推平拥（25）
	a19 没有信心	怎么做都一样，做得再好，先进和晋升也轮不到我（33）
A9 维持 现状	a20 平稳发展	在其位不谋其事，无所作为、熬时间、混日子，不思进取（02）
	a21 不想创新	工作浮于表面，不想花时间深入了解和创新（18）
A10 时间 贡献不足	a22 卡时间下班	还不到下班时间就开始无心工作，提前收拾东西坐等下班（13）
	a23 不愿加班	遇到紧急任务需要加班时，负面情绪和各种抱怨就会接踵而来（36）
A11 工作量 不足	a24 投机取巧	在正常工作中，能少做绝不多做，钻空子、"打擦边球"（28）
	a25 降低要求	低工作标准要求自己，以完成工作为目的，绝不超额完成（09）
A12 对利 益的追求	a26 谋求利益	在惠民政策落实工作中私心重，从中为亲朋好友谋取利益（11）
	a27 个人利益至上	遇事先打利益算盘，为与不为全看是否有利可图（20）
	a28 处理私事	利用工作时间处理私人事务（04）
A13 拈 轻怕重	a29 享受思想	只挑选任务轻较容易的工作，不想吃苦受累，对待工作挑三拣四（18）
	a30 躲避难题	遇到棘手的工作总是找各种理由绕着走（29）
A14 能力 不足	a31 应变能力	接到新任务直接反应是不会，而不是想着如何学着解决（06）
	a32 解决能力	紧急任务不知如何处理，总是束手无策或委托他人（12）
A15 不求 上进	a33 行动迟缓	工作中对发现的问题，视而不见，裹足不前（25）
	a34 意识淡薄	心思不在工作上，出工不出力，人在心散（34）
A16 求稳 心态	a35 怕出事	得过且过，只求不出事，不愿多做事（28）
	a36 怕担责	对长期积累和历史遗留的问题不愿理会，有意忽略，靠时间消化（27）
A17 心里 恐慌	a37 缺乏胆识	工作中怕吃苦受累、怕担风险、怕得罪人（29）
	a38 瞻前顾后	处理重要敏感性工作，不敢放手去做，保守处理（04）
A18 服从 安排	a39 服从领导	领导说什么就做什么，该做的和不该做的都照做（11）
	a40 为领导服务	无论事情大小，领导安排的事情总是放在首位，而忽略自身的工作职责（19）
A19 服从 决定	a41 过度服从	明知领导作出了不严谨的决定，也不去建言，只会拍马屁（01）
	a42 盲目跟风	对别人赞同的决定和结果总是不假思考地盲目顺从和给予肯定（23）

4.3.1.2 主轴编码

主轴编码的主要任务是找出概念之间的共性并建立各概念属性之间的连接

点，促使各维度之间相互联系，使所有内容能够有机结合。根据概念中不同范畴之间的关联度和逻辑性，将开放式编码中提炼出来的概念与范畴分别再对每个类属进行深度分析，删除不能继续与其他概念归类的概念，调整以往观察和访谈中出现的类别，反复阅读与类别相关的材料，检查是否出现新的概念，保证范畴的互斥性和严谨性。通过主轴编码后对"消极作为"行为概念进一步形成了9个副范畴和3个主范畴，如表4-4所示。

表4-4 主轴编码分析

开放性编码提取范畴	关联性编码提取范畴	
	副范畴	主范畴
A1 工作懒散	B1 工作懒惰	C1 态度型不作为
A2 重表态轻实干		
A3 职责认知模糊	B2 无规范感	
A4 制度约束不足		
A5 工作效率	B3 无责任感	
A6 工作质量		
A7 逃避责任		
A8 失去工作热情	B4 消极被动	C2 动机型不作为
A9 维持现状		
A10 时间贡献不足	B5 贡献不足	
A11 工作量不足		
A12 对私益的追求	B6 利益导向	
A13 拈轻怕重		
A14 能力不足	B7 自身能力	C3 心理认知型不作为
A15 不求上进		
A16 求稳心态	B8 心理负担	
A17 心里恐慌		
A18 服从安排	B9 盲目服从	
A19 服从决定		

4.3.1.3 选择式编码

选择式编码的主要目的是选择"核心属性"，处理范畴与范畴之间的关系，形成一个综合过程，如图4-2所示。

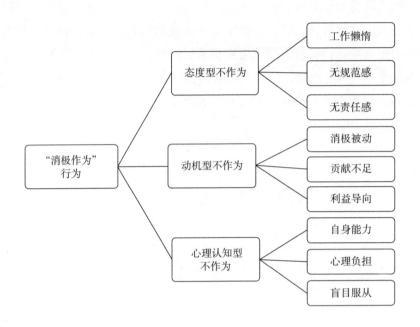

图4-2　选择式编码

选择式编码的步骤包含：①明确资料的故事线；②描述具体的范畴、属性及维度；③对初步建立的范畴进行检验，对概念类属进一步补充完善；④挑选出核心范畴；⑤将范畴之间建立起一定的联系。根据扎根理论的研究范式及系统分析，"消极作为"行为选择式编码的路线可以概括为，公共部门中的"消极作为"行为主要从自身的"内在行为"出发，消极被动地表现出来的工作行为。由于公共部门的很多工作具有公共性和服务性，这种行为表现能充分体现工作人员对待工作的动机、心理和态度。因此，"态度型不作为""动机型不作为""心理认知型不作为"三个主范畴对公共部门中"消极作为"行为存在较强的解释力。以此路径进行逻辑推理，本书通过对"消极作为"行为进行选择式编码，将所有范畴进行整合，初步构建了一个包含所有范畴和概念的相关体系。具体来说，"态度型不作为"主要是指公共部门人员在工作中只顾完成自己的工作，不愿多做其他工作，同时忽视工作的效率和质量；"动机型不作为"主要是指在工作过程中消极被动，缺乏工作目标和工作动力，在工作中遵循个人利益至上的原则;"心理认知型不作为"主要是指在工作过程中遇到事情担心自身不能胜任而不敢做、怕出错担责任而盲目听从别人意见的行为表现。

4.3.1.4 理论模型饱和度检验

首先,根据 Tan(2010)的方法将开放式编码和主轴编码形成的概念或范畴间隐含的相互关系进行概念化处理,再结合以往的相关文献,将初步构建的理论及概念与已有的文献和概念进行比较,通过反复比较发现,并没有出现新的概念维度,因此从理论和概念角度来看,其达到了饱和。其次,通过编码和分析等相同的研究方式我们将留下的 1/3 的访谈记录进行理论模型饱和度检验。在对这 12 份访谈记录按照之前的过程进行编码和分析后发现,这些访谈资料在充分分析后的结果均与先前的关系属性和概念维度相符。也就是说,针对后12 份访谈记录进行编码分析后并没有获得新的主范畴,综合所有访谈数据来看,均被先前提炼的三个主范畴所包含。由此,本书通过扎根理论构建的选择性编码在理论模型上是饱和的。进而本书构建了"消极作为"行为三维假设模型,如图 4-3 所示。

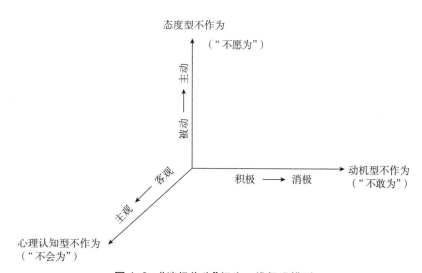

图 4-3 "消极作为"行为三维假设模型

4.3.2 影响因素编码及分析过程

运用扎根理论将整理的原始数据(36 份访谈记录)进行编码。

4.3.2.1　开放式编码

本书主要围绕"影响'消极作为'行为的因素是什么"这个核心主题，对原始访谈材料进行有效的分类、归纳及编码。

根据开放性编码的要求，本书采用 NVIVO 软件对 36 份原始访谈材料进行数据分解，根据客观判断和综合理解，最终得到 177 条原始语句（用 aa+序号的形式表示）及相应的初始概念（用 a+序号的形式表示）。由于最初的概念在内容上存在一定的重复或相似，还需要进行完善，进而将这 177 个概念规范化处理（用 AA+序号的形式表示），将其重新命名，归纳为新的范畴（赵红丹，2014）。在范畴化时，根据概念出现的频次和概念间的重复度进行了多次讨论，本书研究仅仅选择重复频次在 3 次以上的初始概念，将重复频次少于 3 次以及前后矛盾的初始概念予以剔除。最终，本书共获得 18 个范畴，用 A+序号的形式编号。18 个范畴分别是激励机制、制度保障、组织生态、规章制度、办事流程、办事效率、公共决策兴趣、认同公共利益、自我牺牲精神、人际信任、相互合作、互相支持、保持适度、全局意识、折中考虑、职责认知、接受挑战、敢于创新。开放性编码分析如表 4-5 所示。

表 4-5　开放性编码分析

现象摘要	开放编码		
	概念化	规范化	范畴化
aa1：精神上得不到一定满足	a1：精神激励（aa1）	AA1 成就激励（a1）	A1 激励机制（AA1、AA2、AA3）
aa2：缺乏物质奖励	a2：物质奖励（aa2）	AA2 薪酬激励（a2、a3）	
aa3：额外的动力激励	a3：额外嘉奖（aa3）	AA3 认同激励（a4）	
aa4：不能够被领导及时给予认可	a4：及时称赞（aa4）	AA4 制度规范（a5）	A2 制度保障（AA4、AA5）
aa5：制度表现于形式	a5：规范化操作（aa5、aa6）	AA5 政策执行（a6）	
aa6：不能有效地解决实际问题	a6：政策执行力度（aa7、aa8）	AA6 资源环境（a7）	A3 组织生态（AA6、AA7、AA8）
aa7：政策制定缺乏严谨性和针对性	a7：资源利用率（aa9）	AA7 利益关系（a8、a9）	
aa8：制度执行力度差	a8：谋取私利（aa10）	AA8 人情观念（a10）	
aa9：资源浪费和闲置	a9：互利共赢（aa11）	AA9 文山会海（a11）	A4 规章制度（AA9、AA10）……
aa10：以个人利益为中心	a10：人情关系（aa12）	AA10 会议工程（a12、a13）	
aa11：彼此都有利益获取	a11：文件繁杂（aa13）	……	
aa12：顺应人情关系	a12：会议数量（aa14）		
aa13：文件多、效率低	a13：会议价值（aa15）		
aa14：会议量多，将简单问题复杂化	……		
aa15：会议的开展达不到实际效果……			

4.3.2.2 主轴编码

主轴编码的主要任务就是找出概念之间的共性并建立各概念属性之间的连接点，促使各维度之间相互联系，使所有内容能够有机结合。根据概念中不同范畴之间的关联度和逻辑性，将开放式编码中提炼出来的 18 个范畴分别再对每个类属进行深度分析，反复阅读与范畴相关的资料，检查是否出现新的概念，保证范畴的互斥性和严谨性。通过主轴编码，最终将"消极作为"行为的影响因素形成了 6 个主范畴，如表 4-6 所示。

表 4-6　主轴编码形成的主范畴

主范畴	对应范畴	范畴内涵
制度压力	激励机制	通过一套理性化的制度来反映激励主体与激励客体相互作用的方式
	制度保障	通过一套制度能够有效地解决实际问题
	组织生态	组织内部生态环境的恶化对组织产生的影响
繁文缛节	制度死板	规章文件过多，把简单问题复杂化
	程序繁杂	不能用最简便的程序提供便捷的服务
	办事效率低	不了解实际，不研究情况、不解决问题
心理安全感	人际信任	领导及组织内部人员在人际互动过程中建立起来的一种依赖关系
	相互合作	领导及组织内部人员互相交流，共同合作发展
	互相支持	团队领导及组织内部人员互相鼓励和彼此赞同
中庸思想	保持适度	与同事相处，任何事情都有一个限度
	全局意识	做事情总是考虑整体的意见以达到和谐
	折中考虑	对于不同的意见会选择折中的观点
公共服务动机	公共决策兴趣	喜欢参与并希望影响服务群众的决策/政策
	认同公共利益	回应群众诉求和公共利益
	自我牺牲精神	为人民服务，牺牲自己利益
责任感	职责认知	对自己的职责有一个清楚的认识并认真负责
	接受挑战	对待工作敢于承担错误并面对挑战
	敢于创新	对待自己的工作敢于尝试提出新思路、新方法

4.3.2.3 选择式编码

选择式编码通过不断地挖掘范畴和范畴之间的关系，逐步提高概念抽象的层次，主要目的就是选择"核心属性"，从主范畴中发展出系统包容其他范畴的核心范畴，处理范畴与范畴之间的关系，形成一个综合过程并纳入一个既简单又紧凑的理论框架（Pandit，1996）。从而形成与主题相关的理论框架，如图4-4所示。从模型中可以看出，影响"消极作为"行为的主要因素包括情境因素（制度压力）、组织因素（繁文缛节、中庸思想）和个体因素（心理安全感、公共服务动机、责任感），以及个体属性与特征。

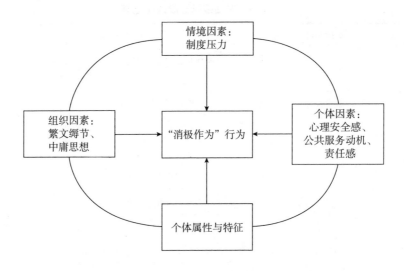

图4-4　"消极作为"行为影响因素的理论模型

4.3.2.4 理论模型饱和度检验

本书通过编码和分析等相同的研究方式在所有访谈记录中随机抽取1/3的访谈记录进行理论模型饱和度检验。对这1/3的访谈记录按照之前的过程进行编码和分析后发现，这些访谈资料在充分分析后的结果均与先前的关系属性和概念维度相符。也就是说，针对随机抽取的访谈记录进行编码分析后并没有获得新的主范畴，综合所有访谈数据来看，均被先前提炼的主范畴所包含。由此，本书构建的选择性编码在理论模型上是饱和的。

4.4 "消极作为"行为条目的生成

4.4.1 初始条目的生成

Bretz、Rynes 和 Gerhart 率先提出，在对量表开发时，应该使用非导向性研究方法开发量表，这样可以有效避免研究者在开发量表的过程中过度把主观意识和理解加入量表，进而保证回答者不会对量表造成误解，有效提供对"消极作为"行为理解的完整信息。因此，在这个阶段本书采用了三种方法来生成初始条目：①通过对 36 位公共部门工作员工的访谈及其结果分析，获得 174 个关于"消极作为"行为的反应条目。通过对这些条目的分类和讨论，得出关于"消极作为"行为的 26 个初始条目。这些初始条目反映了个体对"消极作为"行为的不同理解。②通过回顾已有的研究和理论，形成反映"消极作为"行为不同方面的条目。本书通过回顾已有的"消极作为"行为文献，总结了"消极作为"行为的7 个相关条目。③通过推论和演绎，将"消极作为"行为每个可能维度的定义作为条目生成的基础。基于本书采用的"消极作为"行为概念和前述对"消极作为"行为维度的理解，本书又总结了 6 个相关条目。最后，将得到的初始条目进行汇总后发现，后两种方法得到的相关条目都可以被访谈中提出的 26 个初始条目所包含。因此，本书使用最后得出的 26 个初始条目进行研究。

在生成初始条目的过程中，笔者考虑了以下几个方面的问题：①根据本书对"消极作为"行为概念内涵的理解和界定，注意将主观和客观、主动与被动进行有效的区分。②在表述条目时，尽量使用简洁、易于理解的语句，避免条目在表述上出现双重含义而带来的不利影响；避免在单个条目中同时涉及多个维度的解释和理解。③在访谈过程中发现，"组织"一词较为学术化，我国公共部门人员通常不容易有效地区分这个词语的边界，对此，本书在问卷中用"单位"一词来代替对"组织"的表述。

4.4.2 条目的修正和完善

在开发了"消极作为"行为的 26 个条目后，笔者邀请了相关研究领域的 3 位学科专家，对这 26 个初始条目进一步检查和调整。

首先，专家对每个条目与旨在测量概念之间的关联性作出评定：①把提出的关于"消极作为"行为及其三个维度(态度型不作为、动机型不作为、心理认知型不作为)的概念化定义和相关理解提供给各位专家；②请专家根据所提供的概念化定义，每个条目是否和其中的某个概念或多个概念相符，对每个条目与某个概念进行匹配，以是否相符作出评价；③请专家通过自己认为合适的方式分别对每个条目进行评论，如果愿意，还请他们指出表述不清、模棱两可的条目并给出相应的调整建议或合适的表达措辞；④在概念的测量上，请专家指出本书已提出的所有条目能否合理地涵盖各个维度，如有遗漏给予补充。

其次，根据量表编制的目的结合学科专家给出的具体评价和建议，本书对初始条目进行了适当的完善和调整。关于内容效度的接受度还没有具体的标准，当有两位以上的专家对某个条目存在分歧或认为表述不清楚时，就对这个条目进行修改或者删除。

由此，本书开发的初始量表共包含 26 个条目，根据专家的意见调整和删减后最终使用 20 个条目来反映之前提出的"消极作为"行为的三个维度。其中，代表反映"态度型不作为"的有 8 个条目，代表反映"动机型不作为"的有 8 个条目，代表反映"心理认知型不作为"的有 4 个条目。组织行为研究领域的专家通常认为，代表每个量表的条目应不少于 3 个，以确保能够有效检验每个潜在概念内部各个条目之间的同质性。因此，对于初始量表的开发而言，从 3 个子量表各包含的条目和总包含的 20 个条目来看是足够了，同时也不会因为条目太多而使回答者感到厌倦。此外，笔者还邀请了 10 位公共部门的员工阅读最终生成的条目，并对问卷进行了测试填写，以保证条目的可阅读性和可理解性。最终生成的条目如表 4-7 所示。

表 4-7 "消极作为"行为各维度条目

维度	初始条目
态度型不作为	1. 我在工作中不会对自身工作要求太高
	2. 我在工作中通常将不重要的事情放到以后集中处理
	3. 对棘手的、不能胜任的工作就先做做样子应付过去
	4. 在工作中处理问题时经常凭经验解决
	5. 经常找同事帮忙做一些琐碎的工作
	……

维度	初始条目
动机型不作为	9. 在单位里只需要正常工作、不出差错，没必要争先进
	10. 就算我再认真努力工作，先进和晋升也轮不到我
	11. 我只做自己手头工作，不会进行创新性工作
	12. 我不会给自己增加不必要的工作量
	13. 我会利用工作时间同步处理自己的事情
	……
心理认知型不作为	17. 我遇到紧急任务，总是束手无策或委托他人
	18. 工作中出现问题时，如不影响正常工作我不会主动处理
	19. 处理敏感工作时，我总是怕担风险，保守处理
	……

4.5 本章小结

通过开放式编码至选择式编码等多个步骤的循环往复，以及结合计划行为理论与公共部门人员具体的行为特征进行理论性编码，总体上，本书运用扎根理论构建的"消极作为"行为维度效果较为理想，识别和构建了"消极作为"行为三维假设模型，如图4-3所示。根据"消极作为"行为特征可以看出，运用扎根理论探索出来的三个维度的行为结构之间并不是孤立的，而是相互关联、相互影响的，不同维度之间的相互关联应当作为今后激励公共部门人员积极作为、有效作为的关键着力点。同时，本书所构建的"消极作为"行为维度对中国"消极作为"行为这一研究领域的相关理论进行了完善。

本书为了尽可能全面地收集数据，按照中部、东部、西部地区划分，通过选取上海市、江苏省、山东省、河南省、河北省、新疆维吾尔自治区，运用扎根理论得出了公共部门"消极作为"行为的三个维度，即态度型不作为、动机型不作为、心理认知型不作为。一方面，鉴于消极作为行为概念还没有研究构建维度，故本书基于公共部门人员工作的性质，以工作人员工作心理、动机、态度为主线进行讨论；另一方面，基于本土化的工作情境进一步深入探讨了消极作为行为，"态度型不作为""动机型不作为""心理认知型不作为"均是依照扎根理论开发的新概念。在已有的文献中，一些学者只从字面意思或现象本身来解读"消极作为"行为概念，不能有效反映当前公共部门人员的工作实际。而本书对"消极作为"的概念维度分别从"工作态度""工作动机""心理认知"三个方面强调公共部门人员"不作为"的行为表现。因此，在中国变革转型过程中出现的"消极作为"行为主要是指态度不端、动机不纯、不想担当等主观原因导致的在履职过程中庸作为、慢作为、懒作为、不作为等消极的行为表现（张宗贺和刘帮成，2018）。

同时，本章基于扎根理论的方法对影响"消极作为"行为产生的因素进行了探索性研究，主要探讨的问题包括：哪些因素导致了"消极作为"行为的产生？根据扎根理论的思路和流程，基于前面构建了"消极作为"行为的影响因素模型，主要从情境因素、组织因素和个体因素三个层面进行解释和分析，共得到制度压力、繁文缛节、中庸思想、心理安全感、公共服务动机、责任感6个主范畴。

根据生成的"消极作为"行为的初始条目，主要包括最初基于对36位公共部门工作人员进行的"消极作为"行为相关问题的访谈及其根据访谈内容进一步分析生成了内容的初始条目、基于已有研究的理论对"消极作为"行为的内涵及操作化定义归纳生成一部分初始条目、基于本书采用的"消极作为"行为概念及其概念化定义，以及在第3章中对"消极作为"行为维度结构提出的理论模型生成的一些初始条目，本书将通过各种途径归纳的初始条目进行整理，最后得到关于"消极作为"行为的26个初始条目。然后，通过邀请相关研究领域的专家学者对这26个初始条目进行进一步检查和调整，最终剩下20个条目。

5 "消极作为"行为的结构检验

5.1 研究目的

本书探讨的"消极作为"行为是中国特有的一种行为表现形态，并且这一行为并不是一种"新"常态，而是一直"隐匿"长期存在的表现形态。虽然目前有对"消极作为"行为的研究，但是这些研究更多地局限于对其概念、内涵以及影响后果的表面和理论层面的解释和探讨。随着行为管理学的不断发展，越来越多的学者结合管理学的情境进一步解读"消极作为"行为更深层面的内容结构以及问题机制和其在组织中的影响程度，但是数量仍较为有限。

基于现有学者对"消极作为"行为的研究，本章在分析"消极作为"行为内容、维度结构的基础上，从"消极作为"行为的内涵理解，有关"消极作为"行为的理论研究、实证探索，针对公共部门有关"消极作为"行为的访谈结果等角度入手，对形成的"消极作为"行为量表，进行探索性因子分析。然后在"消极作为"行为探索性因子分析的基础上，于另一个样本中，对该概念进行验证性因子分析，以进一步确认"消极作为"行为的维度结构。

5.2 研究方法

本书主要从定量的角度进一步验证第4章分析的结果，为后续的研究提供充分的依据。信度和效度是检验量表是否可用的两个重要特征，其中信度是指测量所得结果的一致性或稳定性（奚玉芹，2012），效度是指测量的正确性（陈晓萍等，2008）。在行为与社会科学研究领域，因子分析的主要目的是根据出现的共同因子确定构念的结构成分，根据量表或测验所抽取的共同因子可以知悉测验或量表有效测量的特质或态度是什么（奚玉芹，2012），通过因子分析可以有效检验量表的构念效度。

探索性因子分析的第一步是检验量表的可靠度。条目分析的常用判别指标和标准（吴明隆，2010），如表 5-1 所示。条目间是否适合进行因子分析，主要参考 KMO 的取值是否介于 0~1（Kaiser，1974）。

表 5-1 条目分析的常用判别指标和判别标准

方法	极端组比较		同质性检验		条目与总分相关	
指标	判断值	共同性	因子负荷量	条目删除后的 α 值	原始条目与总分相关	校正后条目与总分相关
判别标准	≥3.00	≥0.20	≥0.45	≤量表信度值	≥0.40	≥0.40

第二步是进行因子分析，包括计算观察变量间相关矩阵或共变量矩阵，抽取因子、估计因子负荷量，因子旋转，因子命名与解释（奚玉芹，2012）。

第三步是进行信度检验。将所有不适合的条目进行删除和修正，并保留因子负荷量较好的条目，在挑选调整好所有拟进入量表的条目后即可用信度系数来评价探索性因子分析和量表开发的有效性程度。在进行信度测量时还需要同时为量表中各个维度都提供一个信度系数，以证明其各维度单独的一致性程度（吴明隆，2010）。内部一致性信度系数指标判断标准如表 5-2 所示。

表 5-2 内部一致性信度系数指标判断标准

内部一致性信度系数值	各维度概念	整体量表
$\alpha \geq 0.90$	信度非常好	量表质量很高，信度非常好
$0.80 \leq \alpha < 0.90$	信度很好	量表质量较高，信度较好

内部一致性信度系数值	各维度概念	整体量表
$0.70 \leqslant \alpha < 0.80$	信度良好	可以接受
$0.60 \leqslant \alpha < 0.70$	信度尚可	质量一般，勉强接受
$0.50 \leqslant \alpha < 0.60$	增减条目、修改语句	量表质量不理想，重新修订
$\alpha < 0.50$	信度较差	量表质量非常不理想

一般而言，在进行因素分析之前，相关研究中并未对数据的因素结构有任何期待和个人立场，而是仅仅由统计数据分析因素的结构，这种因素分析的策略带有一些试探性的意味，称为探索性因素分析（Exploratory Factor Analysis；EFA）。然而，有时候在研究之初就提出了某种特定的结构关系的假设，例如前文所提出的"消极作为"行为概念测量问卷是由 3 个不同的维度所组成的，此时再对其进行因素分析则称为验证性因素分析（Confirmatory Factor Analysis；CFA），主要是对之前的理论验证和结构进行确认。从技术层面来说，CFA 是验证因素结构的必要路径，并且可以与其他模型进行整合，成为完整的结构方程模型来进行分析。CFA 其实就是所谓潜变量的因素分析。

为了对探索性因素分析中得到的"消极作为"行为的三维结构做进一步的确认和验证，本书使用独立样本二（$N = 424$），并采用结构方程模型软件AMOS 17.0 进行"消极作为"行为测量模型的验证性因素分析。结构方程模型分析主要包括模型参数判别、模型拟合判断、模型修正、结果解释和讨论等（吴明隆，2010）。

在后续分析中，首先对数据进行正态分布的检验，当数据呈正态分布或近似正态分布时，可以直接采用极大似然估计法（ML）对整体模型的拟合度估计和参数进行估计（奚玉芹，2012）；如果样本数据分析不符合正态分布，此时要在使用极大似然估计法的同时结合 Bootstrap 方法进行整体模型拟合度估计和参数估计。最后用验证性因素分析验证"消极作为"行为结构后，通过均方根与潜变量相关系数的对比来检验本书开发的"消极作为"行为测量量表的区分效度。

5.3 研究样本及过程

5.3.1 探索性因子分析样本

本书运用编制的问卷先进行预试，在此基础上进一步扩大调查的范围，针对不同地区(上海、江苏、山东、河南、河北、新疆)的公共部门人员开展正式调查。被调研的单位主要包括发展和改革委员会、公安系统、税务局、市委组织部、纪律检查委员会、交通局、土地资源管理局、卫生计划委员会等。对于此次调研本书调研组共向公共部门人员发放"消极作为"行为综合问卷1036份。回收问卷882份，剔除无效问卷，有效问卷为847份，占总发放问卷的81.7%。需要说明的是，参与前期问卷访谈的人员并没有参与本次的问卷调查。

我们将该样本随机分成两个子样本：样本一由423位公共部门人员构成，用于探索性因子分析；样本二由424位公共部门人员构成，用于验证性因子分析。在每位被调查人员在填写问卷之前，我们均会向他们说明情况或与该单位签署保密协议，说明本次调查问卷均为匿名，最终结果仅用于学术研究，他们的回答将完全保密。在进行正式调研时，所有问卷均由笔者在取得部门负责人同意后，约定好时间亲自到各部门现场利用部门例会或根据各位工作人员空档进行采集数据，如实在不方便在现场收集的部门我们委托其部门工作人员以同样的方法代替研究人员进行现场调研，因此所有的调查问卷均是独立完成的。在问卷填答完毕后，当场回收或委托其部门工作人员代为收回。调查问卷均采用李克特5点量表来进行(1~5分别代表强烈不同意~强烈同意)。

在探索性因子分析中，我们直接在SPSS 21.0统计软件中完成了数据录入工作，并运用该软件对数据进行了预处理(如反向计分的题项及缺失值的处理等)。其中：缺失较为严重的问卷直接舍弃；当整份问卷只有少数题项没有作答或遗漏时，采用置换缺失值的方法，将缺失数据置换成较为可靠的数据，依然用于整个分析样本。

本阶段参与探索性因子分析的样本人口统计学特征分布如表5-3所示。样

本一的 423 份有效问卷中男性为 226 人，女性为 197 人，分别占总样本人数的
53.4% 和 46.6%。在年龄方面，25 岁及以下的人员有 31 人，占总人数 7.3%，
26~35 岁的有 269 人，占 63.6%；36~45 岁的有 93 人，占 22.0%；46~55 岁的
有 24 人，占 5.7%；56 岁及以上的有 6 人，占 1.4%。在受教育程度方面，本
科人数占比最大，占总人数的 60%；其次是硕士，占 34.3%；再次为博士，占
4.5%；大专及以下学历的人数不多，仅占 1.2%。被调查人员的工作年限主要
集中在 10 年以内，占 88.2%。在调查人员的职务方面，基层员工和基层管理者
占据比例较大，分别为 176 人和 144 人，共占总调查人数的 75.6%；其次是中
层管理者，占 19.2%；高层管理者占比相对较小，只有 22 人，占 5.2%。

表 5-3　参与探索性因子分析的样本人口统计学特征分布（N = 423）

变量		人数（人）	比例（%）	变量		人数（人）	比例（%）
性别	男	226	53.4	婚姻状况	已婚	337	79.7
	女	197	46.6		未婚	86	20.3
年龄	25 岁及以下	31	7.3	受教育程度	大专及以下	5	1.2
	26~35 岁	269	63.6		本科	254	60.0
	36~45 岁	93	22.0		硕士	145	34.3
	46~55 岁	24	5.7		博士	19	4.5
	56 岁及以上	6	1.4				
工作年限	5 年及以下	223	52.7	职务	高层管理者	22	5.2
	6~10 年	150	35.5		中层管理者	81	19.2
	11~15 年	37	8.7		基层管理者	144	34.0
	16~20 年	10	2.4		基层员工	176	41.6
	21 年及以上	3	0.7				

5.3.2　验证性因子分析样本

　　验证性因子分析中我们选用样本二（424 份问卷）作为本书的数据分析案例，
首先本章将前文探索性因素分析所开发出的 15 个"消极作为"行为测量题项作为
观测变量、3 个因子作为潜在变量，构建了一个验证性因子分析路径模型。对
于样本容量来说，一般认为大多数模型选取样本规模不应少于 200 个被试对象，

这样的样本数量才能称得上一个中等规模的数量，才能保证数据分析的准确性和稳定性(侯杰泰等，2004)。而对于观测变量的数量而言，一般情况下每个因子不应少于 3 个观测变量。基于以上原则，在本阶段研究中，样本量为 424 个，与自由估计参数(变量)的比为 28 : 1，每个一阶因子都不少于 3 个观测值。因此，本阶段研究的样本规模已达到要求。

本阶段参与验证性因子分析的样本人口统计学特征分布如表 5-4 所示。样本二的 424 份有效问卷中男性为 231 人，女性为 193 人，分别占总样本人数的 53.5% 和 45.5%。在年龄方面，25 岁及以下的人员有 27 人，占总样本人数的 6.4%；26 ~ 35 岁的有 277 人，占 65.3%；36 ~ 45 岁的有 93 人，占21.9%；46 ~ 55 岁的有 21 人，占 5.0%；56 岁及以上的有 6 人，占 1.4%。在受教育程度方面，本科占比最大，占 63%；其次是硕士，占 33.2%；再次是博士，占 3.1%；大专及以下学历的人数不多，仅占样本总人数的 0.7%。在工作年限方面，工作 10 年以内的员工占据总样本量的 82.5%，相对最多。在调查人员的职务方面显示，基层员工和基层管理者占据比例较大，分别为200 人和 133 人，共占 78.5%；其次是中层管理者，占 17%；高层管理者占比相对较小，只有 19 人，占 4.5%。

表 5-4　参与验证性因子分析的样本人口统计学特征分布(N = 424)

变量		人数(人)	比例(%)	变量		人数(人)	比例(%)
性别	男	231	54.5	婚姻状况	已婚	368	86.8
	女	193	45.5		未婚	56	13.2
年龄	25 岁及以下	27	6.4	受教育程度	大专及以下	3	0.7
	26 ~ 35 岁	277	65.3		本科	267	63.0
	36 ~ 45 岁	93	21.9		硕士	141	33.2
	46 ~ 55 岁	21	5.0		博士	13	3.1
	56 岁及以上	6	1.4				
工作年限	5 年及以下	243	57.3	职务	高层管理者	19	4.5
	6 ~ 10 年	107	25.2		中层管理者	72	17.0
	11 ~ 15 年	55	13.0		基层管理者	133	31.4
	16 ~ 20 年	14	3.3		基层员工	200	47.1
	21 年及以上	5	1.2				

此外，本书的调研样本涵盖了我国中部地区、东部地区、西部地区的 6 个省份，分布在不同的职能部门中。总体来看，样本的年龄、受教育程度、任职年限和职务也能比较清楚地反映出目前我国公共部门人员的整体现实情况，具有较好的代表性。

在验证性因子分析出的结果中，检验模型拟合程度的指数一般按其功能可以分为两类：绝对拟合指数和相对拟合指数（侯杰泰等，2004），具体说明如下。

（1）绝对拟合指数

其主要包含以下指数：χ^2、χ^2/df、RMR、RMSEA、GFI、PGFI 等，为的是检测样本数据是否与建构的理论模型拟合。χ^2 主要反映模型的拟合优度，χ^2 主要由样本数量决定。然而，χ^2/df 主要是考量模型拟合程度的指标，这个指数可以有效调节模型的复杂程度，能够有效选择合适的模型。χ^2/df 的指数一般情况应小于 3，说明模型拟合程度较好（Chin & Todd，1995）。但在实际操作中，χ^2/df 的值只要小于 5，此时的模型拟合程度也是可以被研究者接受的（吴明隆，2010）。RMSEA（Root Mean Square Error of Approximation）是指平均平方误差平方根。RMSEA 的值是由总体差异与自由度的比值得来的。RMSEA 小于 0.05 表示模型拟合度较好，当 RMSEA 的值处于 0.05~0.1 时，表示模型不是最佳的，但尚可接受（litze & Bentler，1998）。

（2）相对拟合指数

常见的相对拟合指数主要有拟合优度指数（GFI）、标准拟合指数（NFI）、非规范拟合指数（TLI）和比较拟合指数（CFI）。这些指数主要是体现理论模型和基准模型比较之后能够获取的统计量，进一步衡量所假设的理论模型与基准模型比较后能够在拟合度上有所改善（奚玉芹，2012）。GFI 的值越接近 1 表示模型适合度越好。NFI 的值应该介于 0~1，值越大表示模型拟合得越好。本章对 TLI 和 CFI 进行了特别关注，因为 TLI 和 CFI 两个相对拟合指数不受到样本量的影响（温忠麟等，2004）。通常，TLI 和 CFI 两个相对拟合指数越接近 1，表示模型拟合得越好。这两个拟合指数通常也采用≥0.90 才表示假设模型可接受（Bagozzi & Yi，1988；侯杰泰等，2004）。

在本阶段的分析中，我们首先在 SPSS 21.0 统计软件中完成了数据录入工作，然后运用 SPSS 21.0 统计软件对数据直接进行了预处理（如对缺失值的处理等），最后运用 AMOS 17.0 统计软件对"消极作为"行为概念进行了验证性因子分析。

5.4 探索性因子分析

本书首先通过检验各条目与总量表的相关性来对条目进行初步评价。因为一个量表的形成需要内部所有条目达到高度相关，因此，量表中与其他条目相关程度较低的条目则予以删除，不能被选择用来构成量表（奚玉芹，2012）。在组织行为研究领域，我们通常认为与量表总分相关性达到 0.4 以上的条目是可以进行进一步检验的，检验结果发现量表中的所有条目均与总分显著相关，且相关系数均大于 0.40（见附录 2）。

对于因子结构的检验本书主要以主成分分析法为因子抽取方法、以正交旋转法为因子旋转方法，对目前生成的 20 个条目的因子结构进行具体检验。对样本一进行 Kaiser-Meyer-Olkin（KMO）度量和 Bartlett 的球形度检验，如表 5-5 所示。取样足够度的 KMO 度量为 0.974，大于 0.80，呈现的性质为"非常高"的标准，表示观察变量间有共同因子，适合进行因子分析。Bartlett 的球形度检验的近似卡方值为 4709.046，自由度为 190，达到 0.05 的显著水平，说明总体的相关矩阵间存在共同因子，适合做因子分析。

表 5-5 20 个初始条目的 KMO 度量和 Bartlett 的球形度检验

取样足够度的 KMO 度量		0.974
Bartlett 的球形度检验	近似卡方值	4709.046
	df	190
	sig.	0

根据以下相关原则对条目进行删减：①逐个删除交叉负荷较大的条目。②逐个删除因子负荷较小的条目。经过多次不断的探索，最后剩下 15 个条目。从这 15 个条目的取样足够度的 KMO 度量和 Bartlett 的球形度检验结果来看，如表 5-6 所示，适合进行因子分析。各条目的共同性估计值均大于 0.40，因此，可以保留所有条目。

表 5-6　15 个初始条目的 KMO 度量和 Bartlett 的球形度检验

取样足够度的 KMO 度量		0.942
Bartlett 的球形度检验	近似卡方值	5829.972
	df	105
	sig.	0

　　探索性因子分析的结果如表 5-7 所示。结果显示，生成的"消极作为"行为量表的总体一致性系数 α 的值为 0.956，大于 0.70，表示该量表的总体信度是可靠的。其中：①在第一个因子上有 6 个条目，这些条目都属于"动机型不作为"条目。该因子解释了总变异量的 62.135%。②在第二个因子上有 5 个条目，这些条目都属于"态度型不作为"条目。该因子解释了总变异量的 9.094%。③在第三个因子上有 4 个条目，这些条目都属于"心理认知型不作为"条目。该因子解释了总变异量的 6.122%。这 3 个因子共解释了观察变量总变异量的 77.352%。以上分析为"消极作为"行为结构存在 3 个独立的因子这一观点提供了初步的理论支持。

表 5-7　"消极作为"行为探索性因子分析的结果

条目	因子负荷		
	因子 1	因子 2	因子 3
A8	0.752		
A9	0.817		
A12	0.597		
A14	0.744		
A15	0.630		
A16	0.899		
A1		0.738	
A2		0.837	
A6		0.757	
A4		0.817	
A5		0.802	
A17			0.720

续表

条目	因子负荷		
	因子1	因子2	因子3
A19			0.809
A18			0.741
A20			0.803
特征值	9.32	1.364	0.918
总体一致性系数		0.956	
解释变异量(%)	62.135	9.094	6.122
总体解释变异量(%)		77.352	

结合上述分析的结果，"消极作为"行为的新结构主要被认定为包含15个项目的三因子结构，各个维度的克隆巴赫 a 系数（Cronbach's α）和量表的总体一致性系数均大于0.70，如表5-8所示。

表5-8 "消极作为"行为的结构

因子	项目	因子负荷	Cronbach's α
因子1：态度型不作为	A1 我在工作中不会对自身工作要求太高	0.738	0.948
	A2 我在工作中通常将不重要的事情放到以后集中处理	0.837	
	A6 我的工作任务经常在最后期限才完成	0.757	
	A4 就算我再认真努力工作，先进和晋升也轮不到我	0.817	
	A5 我会利用工作时间同步处理自己的事情	0.802	
因子2：动机型不作为	A8 在工作中出现问题时，习惯先找客观原因	0.752	0.917
	A9 在单位里只需要正常工作、不出差错，没必要争先进	0.817	
	A12 我不会给自己增加不必要的工作量	0.597	
	A14 我会在合理范围内为亲朋好友提供便利条件	0.744	
	A15 在工作中涉及利益的情况下，我会首先考虑自己的利益得失	0.630	
	A16 遇到临时性工作任务时，我会首先挑选任务量小的工作	0.899	
因子3：心理认知型不作为	A17 我遇到紧急任务时，总是束手无策或委托他人	0.720	0.908
	A19 处理敏感工作，我总是怕担风险，保守处理	0.809	
	A18 工作中出现问题，如不影响正常工作我不会主动处理	0.741	
	A20 领导安排的工作，我都会首先处理，而把自身的工作推后	0.803	

因子1中所体现的内涵主要表现了工作人员在工作中"不愿为"的心理反应，尤其是A2、A4、A6项的内容反映的现象在公共部门中也是普遍存在的。但在访谈时主要是从面对工作的态度视角出发来反映其具体的工作状态，致力于了解目前公共部门人员工作中的主要心态。而且，结合中国公共部门目前的"消极作为"表现形态和模式，以及图4-2、图4-3可知，因子1主要反映的是"消极作为"行为中"工作态度不作为"这一现象的突出表现。

因子2所体现的内涵主要反映公共部门人员在工作过程中主观动机上的表现状况，这些内容主要突出了其"不敢为"的心理态势，体现的关键词大多是拈轻怕重、推脱责任、无利不为等，清晰地表明了公共部门人员在工作中所考虑的利益的各种因素，反映了目前公共部门中的政治生态以及懒散的工作状态，因此因子2所代表的正是"消极作为"行为中"动机型不作为"这一维度。

因子3所体现的内容主要反映公共部门人员在工作中的客观上的"不会为"到主观上心理认知上的"不敢为"，体现的关键词大多是还没做就担心做不好、束手无策、保守处理、无主意、无主见等，这些是出现频率最高的字眼，这种情况的出现明显体现出这一因子反映了"消极作为"行为由客观到主观认知的转变的一个维度——"心理认知型不作为"。

5.5 验证性因子分析

为了进一步证实"消极作为"行为结构的有效性，运用AMOS 17.0对样本二作进一步的验证性因子分析，共检验了5个假设模型。这些模型检验了观察变量和潜变量之间的关系，以此来评估量表的条目是否反映了特定的构念。对于这5个假设模型包含1个初始模型(三因子模型)和4个竞争模型，所有潜变量允许自由相关。

初始模型假设为一个三因子模型：态度型不作为(包含5个条目)、动机型不作为(包含6个条目)和心理认知型不作为(4个条目)，如图5-1所示。

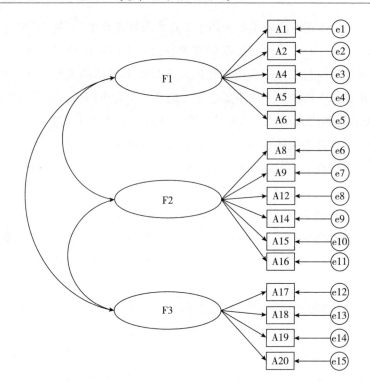

图 5-1　初始测量模型(三因子模型)

第二个假设模型是二因子竞争模型。其中，因子 1 主要是将态度型不作为和心理认知型不作为这两个的因子合并为一个因子来进行分析(共包含 9 个条目)，动机型不作为(包含 6 个条目)作为因子 2，主要检验模型如图 5-2 所示。

第三个假设模型也是二因子竞争模型。这里的二因子模型的因子 1 主要是将态度型不作为(包含 5 个条目)单独作为一个因子来分析，而将心理认知型不作为和动机型不作为这两个的因子合并为一个因子来作为因子 2 进行分析(共包含 10 个条目)，主要检验模型如图 5-3 所示。

第四个模型依然是二因子竞争模型，因子 1 主要是将态度型不作为和动机型不作为这两个的因子合并为一个因子来进行分析(共包含 11 个条目)，因子 2 而是将心理认知型不作为(4 个条目)作为单独的因子来分析，主要检验模型如图 5-4 所示。

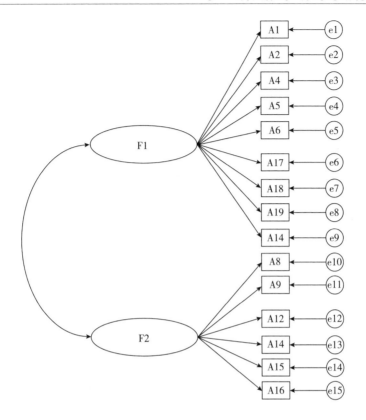

图 5-2 第二个假设模型(二因子竞争模型)

第五个假设模型是单因子模型竞争模型,即将所有 15 个条目负荷于一个因子中来进行整体分析。单因子竞争模型如图 5-5 所示。

运用 AMOS 17.0 软件进行分析,结果显示,5 个备选模型的拟合度情况如表 5-9 所示。从各项拟合度指标来看,这 5 个模型中三因子模型的拟合效果最好,三因子模型的拟合指数 χ^2 的值为 367.969,自由度 df 为 87,χ^2/df 的值为 4.230(小于 5);绝对拟合指数 RMSEA 为 0.087(小于 0.1);相对拟合指数 CFI 为 0.951,GFI 为 0.900,TLI 为 0.941,均大于 0.90。而其他 4 个竞争模型的拟合指数均不如三因子模型拟合指数好,因此,5 个模型中只有三因子模型的拟合指数均符合要求,该模型可初步作为"消极作为"行为 3 个因子被接受。

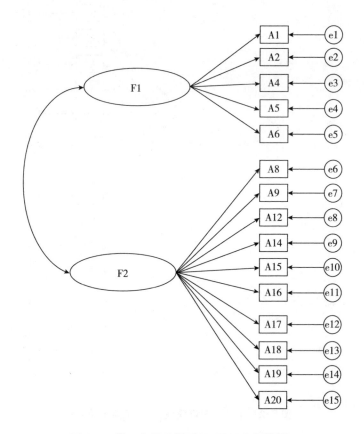

图5-3 第三个假设模型（二因子竞争模型）

表5-9 5个备选模型的拟合度情况

指标模型	χ^2	df	χ^2/df	p	RMSEA	CFI	GFI	TLI
三因子（AI，MI，PCI）	367.969	87	4.230	0.000	0.087	0.951	0.900	0.941
二因子（AI+PCI，MI）	808.165	89	9.081	0.000	0.138	0.875	0.757	0.853
二因子（AI，MI+PCI）	892.585	89	10.029	0.000	0.146	0.861	0.722	0.836
二因子（AI+MI，PCI）	976.647	89	10.974	0.000	0.154	0.846	0.697	0.816
单因子（AI+MI+PCI）	1348.977	90	14.989	0.000	0.182	0.782	0.632	0.782

注：AI代表态度型不作为，MI代表动机型不作为，PCI代表心理认知型不作为，p表示极大似然估计的卡方检验显著性水平。

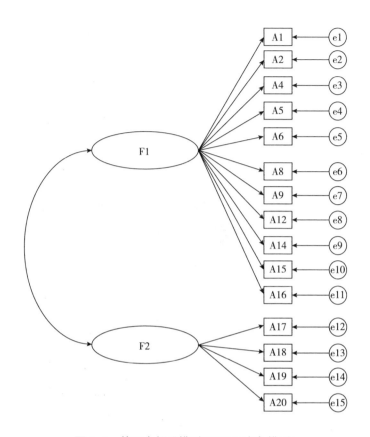

图5-4 第四个假设模型(二因子竞争模型)

由以上得出的5个模型的整体拟合指标可以看出,三因子模型的基本拟合指标均达到了较好的标准,而且明显优于其他4个竞争模型的拟合指标。表明本书构建的"消极作为"行为的三因子模型代表了对数据的一个可行解释。由此,本书认为"消极作为"行为概念由三个因子构成,然后根据各个因子的条目所反映的内容,我们将因子一命名为态度型不作为,因子二命名为动机型不作为,因子三命名为心理认知型不作为。该模型的标准化系数估计值如图5-6所示。

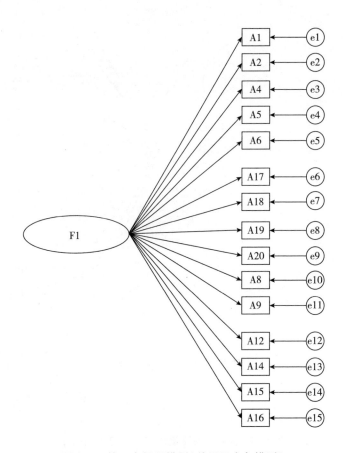

图5-5　第五个假设模型(单因子竞争模型)

　　想要最终确定"消极作为"行为测量模型是否有效，本书还要继续对该测量模型所具有的15个观测变量的因子载荷值进行判断。一般认为，观测变量的因子载荷应该在0.5以上才能确保其观测变量不被删除。在结构方程模型分析出的结果中发现，"消极作为"行为测量模型的15个观测变量的标准化载荷因子均大于0.5，处于0.714(观测变量A8)和0.918(观测变量A6)之间，所有的观测变量的标准化载荷因子均超过0.70，如表5-10所示。进一步表明了本书构建的"消极作为"行为的测量模型是一个由15个观测变量组成的三因子模型。

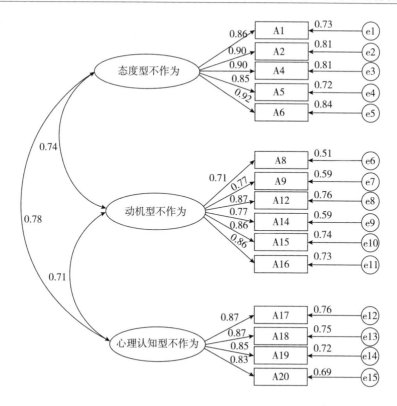

图5-6 "消极作为"行为结构测量模型

表5-10 "消极作为"行为测量模型标准化回归系数

序号	测量题项		构念	因子负荷
1	A1	<---	态度型不作为	0.855
2	A2	<---	态度型不作为	0.899
3	A4	<---	态度型不作为	0.902
4	A5	<---	态度型不作为	0.848
5	A6	<---	态度型不作为	0.918
6	A8	<---	动机型不作为	0.714
7	A9	<---	动机型不作为	0.769
8	A12	<---	动机型不作为	0.871
9	A14	<---	动机型不作为	0.770

续表

序号	测量题项		构念	因子负荷
10	A15	<---	动机型不作为	0.860
11	A16	<---	动机型不作为	0.855
12	A17	<---	心理认知型不作为	0.872
13	A18	<---	心理认知型不作为	0.865
14	A19	<---	心理认知型不作为	0.847
15	A20	<---	心理认知型不作为	0.833

5.5.1 构念效度检验

前文已经讨论了测量模型的基本原理与模型的可变性。然而，对于检验测量模型的参数估计的质量并最终被接受，需要确保模型整体拟合度的同时还必须测量每个潜在变量与模型的内在质量的适度性，也称内拟合。从本质上讲，模型拟合检验是一种综合检验，而个体因素检验是一种事后评价过程。Qu（2007）指出在验证性因子分析中，对测量模型中的各个参数及整体拟合度都要进行检验。确保潜在变量组合的可靠性和稳定性（概念的信度和效度）。在具体操作上，大多数人采用以下三种方式：质量检验、组合可靠性检验（P_C）、平均变异抽取量检验（P_V）。同时，结构效度的检验主要包括聚合效度的检验和区分效度的检验。其中，聚合效度主要是指所测量项目之间能够同时反映同意构念，并高度相关；区分测量变量所得数值之间能够有效区分。也就是说，当我们使用不同的方法来测量两个不同的构念时，它们之间的相关性不应高于我们使用不同的方法来测量相同特征时的得分（陈晓萍等，2012）。因此，在结构方程模型中，如果落在同一个因子构念上的测量指标相互呈现高度相关，且在该因子构念上的因子负荷量较大（λ 应大于 0.71），则认为测量量表具有较高的聚集效度；在测量模型中，如果任意两个因素显著相关且不等于 1，说明两因素结构不同，则该量表具有较高的区分效度（奚玉芹，2012）。由于本书假设的三因子模型得到了支持，因此，通过对"消极作为"行为量表的聚合效度和区分效度进行检验，可以判断该量表的内部质量。

5.5.2 聚合效度检验

本书使用两种方法估计了"消极作为"行为量表的聚合效度。一是检验各个条目在特定因子上的负荷强度。可以通过判断每个测量指标在它所位于的那个潜变量上的因子负荷是否显著，估计聚合效度(奚玉芹，2012)。如表 5-10 所示，所有条目在它们所对应的潜变量上都有显著的因子负荷，条目的因子负荷分布在 0.714~0.918。可以看出量表具有较高的聚合效度。二是比较两个潜变量的平均方差抽取值(Average Variance Extracted，AVE 或 ρ_v)平方根与这两个潜变量之间相关系数的大小。若平均方差抽取值的平方根大于相关系数(或平均方差抽取值大于相关系数的平方)，则说明这两个潜变量之间具有较好的聚合效度(奚玉芹，2012)。

AVE 值越大，说明指标变量被解释的程度越大。具体来说，ρ_v 指标就是每个因素所包含因子载荷数平方的平均值。如果配合 $\lambda \geq 0.71$ 的原则，那么 ρ_v 的判断标准也要大于 0.5，才能表示潜在变量的聚敛能力较为理想。基于此，Fornell 和 Larcker(1981)提出可以通过计算抽取变异量的方式来估计聚合效度。研究的假设模型需要与抽样获得数据有较高的拟合度才能进行构念效度的检验，测量指标在所要测量的构念上的因子负荷数应该很高，而测量指标受到随机误差的影响程度应该很低(陈晓萍等，2012)。

具体公式如下：

$$\text{AVE} = \rho_v = \sum \lambda^2 / \left[\sum \lambda^2 + \sum (\sigma) \right] \tag{5-1}$$

其中，λ 为测量指标在潜变量上的标准化因素负荷量。测量误差 $\sigma = l -$ 解释变异量的平方。其中，σ 为 CFA 分析中观测变量的测量误差。在式(5-1)中，分子主要是测量指标在其对应的潜变量上的因子荷重 λ^2 的和，而分母是因子荷重平方的和加上相对应的随机误差。因此，式(5-1)说明了抽取变异量估计是由潜变量来解释观察变异量大小的。抽取变异量越大，则随机误差越小，测量指标就越能代表潜变量。本书对"消极作为"行为的 3 个潜在变量的 AVE 值进行了计算，结果如表 5-11 所示。可见，3 个潜变量的 AVE 值均处于 0.654~0.783，均大于 0.50，说明新开发的"消极作为"行为的内在质量理想。

表 5-11 "消极作为"行为测量量表的质量检验结果

因子	测量条目	因子负荷	Cronbach's α	解释变异量 R^2	测量误差	P_c	P_v
态度型不作为	A1	0.855	0.947	0.855	0.269	0.947	0.783
	A2	0.899		0.899	0.192		
	A4	0.902		0.902	0.186		
	A5	0.848		0.848	0.281		
动机型不作为	A6	0.918	0.917	0.918	0.157	0.918	0.654
	A8	0.714		0.714	0.490		
	A9	0.769		0.769	0.409		
	A12	0.871		0.871	0.241		
	A14	0.770		0.770	0.407		
	A15	0.860		0.860	0.260		
	A16	0.855		0.855	0.269		
心理认知型不作为	A17	0.872	0.914	0.872	0.240	0.915	0.730
	A18	0.865		0.865	0.252		
	A19	0.847		0.847	0.283		
	A20	0.833		0.833	0.306		

同时，"消极作为"行为测量模型的三个维度之间的相关性需要适中并且显著。在样本二中，"消极作为"行为测量模型的三个维度间的相关性如表 5-12 所示。三个维度之间相关系数适中，并且均在 1% 的水平上显著，这说明三个维度各自具有一定的内涵并且都是"消极作为"行为构思的重要组成部分。这些结果为聚合效度进一步提供了证据。

表 5-12 "消极作为"行为测量模型的三个维度间的相关性（$N=424$）

因子	一维	二维	三维
态度型不作为	1		
动机型不作为	0.716**	1	
心理认知型不作为	0.733**	0.671**	1

注：**表示在 1% 水平（双侧）上显著相关；***表示在 0.1% 水平（双侧）上显著相关。

5.5.3 区分效度检验

区分效度是为了检验不同的行为维度在评估"消极作为"行为这个构念时的差别程度。本书首先利用独立样本二中的数据($N=424$)采用 Cronbach's α 值对"消极作为"行为测量量表进行可靠性检验。此外，经信度分析结果显示研究量表的态度型不作为、动机型不作为和心理认知型不作为三个构念的 Cronbach's α 值分别为 0.947、0.917、0.914，均大于 0.70。同时，整个模型的 Cronbach's α 值为 0.906。这一检验结果说明了本书研究新开发的"消极作为"行为测量量表具有较高的内部一致性。

本书通过比较各潜变量的 AVE 值和各潜变量之间相关系数平方的大小，来检验"消极作为"行为量表的区分效度。本书进行"消极作为"行为三个因素的组合信度分析。组合信度分析，即 CR 值(Composite Reliability)，又可称为构念信度(ρ_c)。Bagozzi 和 Yi(1988)建议 ρ_c 值能够达到 0.60 以上即可。Raine-Eudy 和 Ruth(2000)的研究指出，组合信度的值在达到 0.50 时，测量工具在反映真实分数时即可获得基本的稳定性。组合信度 CR 的计算主要是通过标准化回归系数(因素负荷量)和误差变异量(测量误差)来进行计算，Fornell 和 Larcker 在 1981 年提出了如下公式：

$$CR = \rho_c = \left(\sum \lambda \right)^2 / \left[\left(\sum \lambda \right)^2 + \sum \left(\sigma \right) \right] \tag{5-2}$$

其中，λ 为测量指标在潜在变量上的标准化因素负荷量。测量误差 $\sigma = l-$解释变异量的平方。其中，σ 为 CFA 分析中观测变量的测量误差。解释变异量的平方可在结构方程模型的验证性因素分析中直接输出结果。因此，3 个潜在变量(因素)的组合信度如表 5-10 所示。计算结果表明，3 个潜变量(因素)的组合信度值分别为 0.947、0.918、0.915，均大于 0.60，这说明本书开发的"消极作为"行为量表的内在结构是较为理想的。"消极作为"行为在维度结构上主要由态度型不作为、动机型不作为和心理认知型不作为三部分内容构成。

5.6 本章小结

本章对来自公共部门的 423 位工作人员进行了问卷调查，主要内容是对最终生成的"消极作为"行为问卷的条目分析、信度检验以及探索性因子分析和验证性因子分析。依据因子探索的原则，经过不断地检验和多次的重复性探索，最后剩下 15 个条目，分别聚合在 3 个因子上。从探索性因子分析的结果来看，各个维度和因子系数均达到了测量学的标准和要求。这一分析为"消极作为"行为量表的信度提供了初步支持，同时也进一步验证了"消极作为"行为量表存在3 个独特的因子这一论点。具体而言，"消极作为"行为的三维度结构分别是态度型不作为、动机型不作为、心理认知型不作为。其中，态度型不作为包含 5个题项，分别为"我在工作中不会对自身工作要求太高""我在工作中通常将不重要的事情放到以后集中处理""我的工作任务经常在最后期限才完成""就算我再认真努力工作，先进和晋升也轮不到我""我会利用工作时间同步处理自己的事情"。动机型不作为包含 6 个题项，分别为"在工作中出现问题时，习惯先找客观原因""在单位里只需要正常工作、不出差错，没必要争先进""我不会给自己增加不必要的工作量""我会在合理范围内为亲朋好友提供便利条件""在工作中涉及利益的情况下，我会首先考虑自己的利益得失""遇到临时性工作任务时，我会首先挑选任务量小的工作"。心理认知型不作为包括 4 个题项，分别为"我遇到紧急任务时，总是束手无策或委托他人""处理敏感工作，我总是怕担风险，保守处理""工作中出现问题，如不影响正常工作我不会主动处理""领导安排的工作，我都会首先处理，而把自身的工作推后"。

在"消极作为"行为量表进行探索性因子分析的基础上，采用样本二（包含424 份问卷）数据采用结构方程建模技术对该构念进行了验证性因子分析。通过对假设模型和竞争模型的比较，检验了 5 个不同测量模型。检验结果表明，前面提出的三因子模型拟合效度较好，有效地代表了对数据的一个可行的解释。然后按照三个因子所反映的内容，将因子 1 命名为"态度型不作为"，因子 2 命名为"动机型不作为"，因子 3 命名为"心理认知型不作为"。

首先，通过检验各个条目在特定因子上的负荷强度，进一步使用了平均方差抽取量，以及通过检验各个维度之间的相关性，证实了本书所开发的"消极作为"行为量表具有较好的聚合效度；其次，通过比较各潜变量的 AVE 值和各变量之间相关系数平方的大小来检验"消极作为"行为量表的区分效度。本书进行"消极作为"行为三个因素的组合信度分析。计算结果表明，3 个潜变量（因素）的 P_v 值均大于 0.60，进一步证实了本书开发的"消极作为"行为量表具有较好的区分效度，其内在结构是较为理想的。

综上所述，本章所探索的三因子模型的拟合指数均达到了适配范围，说明各项指标均达到了较高的标准临界值，数据和模型的适配程度在合理的范围内。同时，通过进一步观察可以发现，"消极作为"行为测量模型的验证性因素分析的因子载荷情况均高于 0.5，数据系数较为理想，所有条目在相应潜变量上的标准化载荷系数均介于 0.5~1.0，并在 $p<0.001$ 的水平上显著。这说明进一步的分析证实了"消极作为"行为的三维结构与预期的理论构念一致。

6 影响"消极作为"行为的
前因变量研究：

一个多层次分析框架

6.1 研究目的

新时代全面深化改革背景下强调领导干部勇于担当、敢于作为，那么"消极作为"行为是否在此基础上得到了有效的遏制，是我们应该重视的现实问题。"消极作为"作为一种消极行为，所表达的更多的是公务人员在工作过程中的在其位不谋其事，自身各种主观原因或客观原因变化所导致的工作缺乏积极性、效率低下，不能有效地履行其职责（文宏和张书，2017）。学术界对"消极作为"的现实概念及类型在理论层面已经开始大量探讨，为治理"消极作为"行为提供了一些借鉴（朱春奎，2016；陈敬平，2015；何丽君，2015；傅广宛和郭建文，2015）。但是，目前的研究大多缺乏数据支撑，较少有实证层面的验证。中国情境下的"消极作为"是一种蕴含多种因素的复杂行为，需要系统化地对其影响因素进行分析，从不同层面确定形成机制中的关键变量，才能准确地在管理实践中有效治理，提出相应的针对性措施。对此，有效探索"消极作为"行为产生的原因是新时代鼓励干部担当作为的基础保障，只有深入了解了"不为"的原因才能从根本上更加有效地提倡"有为"。对此，本书从公共部门人员的日常工作入手，通过实际的沟通与交流来达到该研究目的。在分析"消极作为"行为影响因素之前，本章先采用质性研究中较为重要的扎根理论对当前的"消极作为"行为的影响因素进行探索性研究，为更好地为解释"消极作为"行为的影响因素提供一个清晰的理论框架；然后根据构建的理论框架进行深入调研，结合定量的研究方法进一步验证其影响因素理论框架的实际意义及各因素之间具体是如何影响的。

6.2　研究理论及假设

根据"消极作为"行为影响因素模型可以看出，由于公共部门系统均由众公务人员的个体组成，对于每个公务人员来说其都兼具个体属性和组织属性。根据 Granovetter 的嵌入理论，一个人的行为将会受到社会环境、工作环境、体制机制以及自身的多方面的影响（Granovetter & Mark，1985）。由此可以发现，公共部门个体人员的行为表现在受到个体因素影响的同时还会受到来自整个社会体系结构及所在环境的作用和影响。因此，我们将从宏观（制度层面）、中观（组织层面）和微观（个体层面）三个层面来共同考虑影响"消极作为"行为产生的因素。最终的模型结构表明，制度压力是来自制度层面影响个人行为选择的重要因素，繁文缛节和中庸思想是组织层面影响个人行为选择的重要因素，心理安全感、公共服务动机以及责任感是个体层面影响个体行为选择的重要因素。

6.2.1　制度压力与"消极作为"行为

由于制度环境中的压力是多样化存在的，对于制度压力和制度环境，学者形成了多种分析思路（Peng et al.，2009）。North（1990）认为制度规定了一个社会交易的规则，它在人或组织间互动约束的过程中形成了两种形式的制度：正式制度与非正式制度；而 Scott（1995）提出的制度分析框架主要包含规则（Reguxativepillar）、规范（Normativepillar）和认知（Cognitivepillar）三大部分；本书主要采用 Scott（1995）构建的制度压力模型探讨制度环境对个体行为影响的研究机制。这种制度压力模型不仅可以用于解释宏观制度的变迁，也可以用来分析内部制度影响个体行为的有效工具。本书所阐释的制度压力主要是指公共部门人员从情景和体制机制中所感知到的来自制度的压力。

目前，我国行政环境的不确定性的增加、公共部门工作难度的加大，以及责任问责力度的提升，使公共部门的工作环境变得具有一定的复杂性和挑战性，很难在工作和公众满意上达到平衡。这说明，中国公共部门的行政生态对员工的工作状态造成了很大程度的影响，并且受到了来自群众和领导的双重压力。这样一来，公共部门人员在处理事情的过程中将置身于公众与上级领导的"夹心层"中。由于当前社会处于转型期，公共部门人员的大部分工作将直接面向公众落实各项政策、调节各方利益。日常事务更加杂、乱、多会直接导致工作倦怠，最终使群众不满、领导问责。许多受访干部在接受采访时表示，目前自己工作开展得力不从心，做也不是、不做也不是。因此，在风险加剧的制度环境中，公共部门人员多做事、不出错才被认为是一种公职人员应该具有的工作状态，一旦出错就会受到来自不同群体的质疑和问责。对此，出于理性选择，公共部门人员通常会逐步降低对自己的工作要求，奉行"不出彩、不出错"的工作原则，抱着"不犯错"的工作态度，小心翼翼地开展工作。当前的一系列制度改革使公共部门的事务逐渐增多。配套力度跟不上，部门编制严重缺位，基层员工均陷入了"事多、人少、粮缺"的状态，同时中国公共部门的选拔任用升迁体制在一定程度上存在局限性，员工上升空间也极为有限。进而使公共部门人员对升职失去信心，从而产生"不做不错"的不愿为动机。制度理论指出，制度通过影响个体行为然后对组织行为造成一定的影响。因此，员工的个体认知能够有效地影响个体的工作态度和工作行为。同时，社会环境、制度规范和个体观念也会对员工的工作态度和行为造成不同程度的影响。因此，本书提出以下假设：

H1：制度压力对"消极作为"行为产生正向影响。

6.2.2 中庸思想、繁文缛节与"消极作为"行为

6.2.2.1 中庸思想与"消极作为"行为

中庸思想强调在行动之前要从全局出发，而不是一时冲动。它鼓励选择一个平衡和协调的行动方针、在一个人际环境中的冲突力量。相关研究表明，在日常生活中的行为方式与这种"中庸的行为模式"是一致的。例如，中国人的认知取向比较全局化（Ji et al.，2000），不太可能采取极端的观点（Lee，

2000），更可能在遇到相反的想法和解决冲突时寻求妥协（Cheung et al.，2003）。尽管先前的研究表明整体主义和辩证思维与创造力无关（Paletz & Peng，2009），但中庸思想可能会将创造性思维转变为创新行为（Yang et al.，2010）。

中庸思想源于儒家哲学，强调极端与整体的平衡，力求和谐的社会互动。对个体而言，这种整体观鼓励了自律，反过来又增加了个人生活满意度。尽管有人认为和谐是避免冲突（Chen & Chung，1994）或容忍对立特质、情感和态度的持续共存（Spencer-Rodgers et al.，2004）。中庸的和谐需要在两种对立思想之间找到中间位置。同时，辩证思维关注人们的信息处理方式（信息是如何获得、解释和使用的）（Peng & Nisbett，1999），而中庸思想是一种被建议用于日常人际交往的行为模式。本书认为，中庸思想首先由于寻求极端之间的妥协，高度中庸的人不会寻求与自己想法高度相关的想法，而是试图在采取行动之前选择一个最佳的妥协。因此，在面对反对意见时，他们很容易放弃自己的观点，试图找到一个能够被其他人广泛接受的解决方案，而往往不会坚持自己的想法（Kaufmann，2003）。其次由于整体主义的原则，具有中庸取向的人会在沟通过程中寻求和谐。这将使他们很难在与其他人不同的观点中鼓吹自己的想法。因此，具有中庸倾向的人可能不愿意大力宣传自己的想法，以免冲突，然而他们的想法可能是有创意的或有用的。

中庸思想主要以儒家文化为精神内核。中庸思想既体现了传统文化中符合现代社会治理要求的"民本""德治"等积极的内容，也侧面反映了阻碍社会发展的负面情况，官僚体制、官本位、权本位等，这些负面内容为"消极作为"问题的产生提供了土壤。因此，本书提出以下假设：

H2：中庸思想对"消极作为"行为产生正面影响。

6.2.2.2　繁文缛节与"消极作为"行为

Bozeman（1993）认为，繁文缛节是"需要遵从成本的规则、监管和程序的一种规章制度，虽然有效执行但根本上对于实现规则目标没有任何贡献"。由于该概念一直被质疑并引起争论，因此 Bozeman 在 2012 年对繁文缛节的定义进行了修正，得出了一个多维的概念，即"首先它是一种对利益相关者仍然有效的规章制度，但需要遵从一系列的成本的规则、监管和程序，而花在这些规则上的遵从和执行的成本要远远高于目标或价值本身"。

在 Bozeman 对繁文缛节的定义中，无疑表达了它是一种组织病态、一种负面现象。在此认知里，繁文缛节被认作一种负面现象，会给组织和个人带来负面效应。很多受访者表示："群众的事没有小事，但是往往都当不成大事。"由于中国行政体制的职能结构具有"责任同构"的特点，基层干部担负着繁杂的职能和责任。对此，基层干部无法专注地做好本职工作，实现可持续发展，工作难度极大，对其他工作也不能投入更多的精力完成，导致对工作失去信心。公务人员在访谈中提到"天天事很多很忙，却不知自己到底在忙啥"。如前所述，在公共部门体制机制设置方面存在一定的短缺问题。这导致了很多人员面临着"什么都该管，什么都该做"的局面，在工作成绩的认定上很难分清楚谁多谁少。最后导致公共部门的绩效考核约束力不足，考核成为形式，容易产生"做多做少都一样，做和不做没区别"的认知；也导致很多员工在工作中出现了"搭便车"的"底线思维"，进而出现了"不为"的行为表现。因此，本书提出以下假设：

H3：繁文缛节对"消极作为"行为产生正面影响。

6.2.3　心理安全感、公共服务动机、责任感与"消极作为"行为

6.2.3.1　心理安全感与"消极作为"行为

心理安全感首先是由 Khan（1990）提出的，并界定为一种主观感受。何轩（2010）认为，心理安全是一种心理特征，是组织成员对组织内是否采取某种有益行动的特定组织氛围的认可。它还表现出员工在进行自我表现时，过度在意自我形象、身份、地位或自身利益等会受到不利影响的主观感知（Kahn，1990）。员工的心理安全感更多的是塑造在工作场所中所表现出来的心理条件之一（王永跃，2015），可以视为工作过程中的一种安全氛围，即给员工带来一种工作环境是否会带来风险的安全感知（May et al.，2011）。实证研究表明，心理安全感能够提高员工的工作投入度和工作绩效（Nembhard & Edmondson，2006；Greenberg，1990）。还有研究表明心理安全感可以正向影响工作自主性（Kahn，1990）。同时，员工的工作自主性能够有效激发员工产生积极行为。

缺乏安全感正是目前我国公共部门人员产生不作为行为的重要因素之一。虽然我国高度重视监督问责机制的实施。但在强调问责的同时忽略了"误伤"的可能性，对于积极作为的员工并没有及时建立起"保护"的兼容性机制。当前，对于积极作为、主动作为的公共部门人员并没有一定的鼓励机制，对于员工在积极工作过程中无意识地犯错缺少一定的容错机制。容错机制的缺位，会直接

导致有激情、有动机、想作为的员工从心理上产生顾虑，心理防范的增加导致不作为的行为动机。在风险加剧的工作环境中，更多的公共部门员工出于理性的选择，常常降低对自己的工作要求，不积极开展工作。因此，本书提出以下假设：

H4：心理安全感对"消极作为"行为产生负向影响。

6.2.3.2 公共服务动机与"消极作为"行为

公共服务动机旨在探索人们在从事公共管理活动和事务过程中自身所拥有的自愿性的内在动机。公共服务动机最早由 Perry 和 Wise(1990)正式提出，将公共服务动机定义为"个人对公共部门所具有的重要或特有目标做出的敏感反应的心理倾向"。公共服务动机作为一种新兴的动机理论，是一种服务于人类利益的利他主义的心理机制，其主要体现于公共部门的激励机制，旨在进一步提高公务人员的工作积极性(陈振明和林亚清，2016)。

人的行为源自动机。行为动机是行为主体为实现一定的目标而表达出来的主观愿望与意图(Liu et al.，2015)。以管理心理学与组织行为学为基础的实证研究表明：内在动机不仅能够提高人们在不确定环境下的应对能力，还有利于激发管理者的激情和创造力，提高行为主体对工作的满意度和自我效能感，且在这种成就情境的驱动下获得愉悦的心情(冯巧根，2014)。也有研究表明，公共服务动机会影响员工的工作满意度(Liu et al.，2011)和工作绩效及工作积极性(李小华和董军，2012)。因此，在公共部门中，员工的工作绩效与其行为选择是紧密联系的，拥有越强的公共服务动机的员工就越倾向于有所作为(Liu et al.，2015)；此外，具有高 PSM 的员工往往"看到别人受到不公平待遇时会非常不安"(Kim，2012)。期望理论也表明，行为动机的缺失在很大程度上就是个体内在动力的缺失。因此，本书认为，行为动机的缺失会使个体丧失积极向上、追求卓越和朝着目标前进的行为能力，使工作积极性下降，员工倾向于有所不为。因此，本书提出以下假设：

H5：公共服务动机对"消极作为"行为产生负向影响。

6.2.3.3 责任感与"消极作为"行为

当员工行为涉及一定风险时，责任感被认作一个重要变量(Frese et al.，1996)。它所描述的往往是一种个人信念，这一信念来自主观层面并且对工作有激励作用。责任感能够准确地描述员工为了达成目标努力与投入的程度。当员工意识到自己应该对组织发展做出一些贡献时，我们就推测他们一定会在完成本职工作的基础上积极主动地寻找各种方法和途径来进一步完善组织的运作。Grabam(1986)认为，责任感强的员工工作积极性高。同时，有高度责任感的人还会认为挑战行为更可行，换句话说，这种员工更可能成功。Frese 等(1996)的研究表明责任感与员工主动性有关。不断提高公共部门人员的担当精神和责任意识，才可以使其能作为。因此，本书认为，公共部门人员在有较高的责任意识下会将自己的工作当义务，以为人民服务为导向，积极做好和完成自己任务并履行自身的义务，做到对自己负责也对群众负责；相反，如果公共部门人员缺乏责任意识就会使其成为权力的附属品，不会为人民着想、不能为人民办事，不能在自己的岗位上完成自身的义务。因此，责任感能够成就优秀员工，更能成就卓越的组织。做有责任感的员工，不仅是员工自身对组织的高度自觉，也是组织对员工的殷切希望。因此，本书提出以下理论假设：

H6：责任感对"消极作为"行为产生负向影响。

综上所述，本书提出假设模型，如图 6-1 所示。

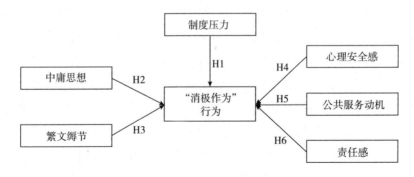

图 6-1　假设模型

6.3　研究设计及过程

6.3.1　研究方法

本书在文献阅读的基础上进行如下操作：第一，采用扎根理论方法对"消极作为"行为的影响因素进行系统化的归纳和分析，因为扎根理论方法主要强调运用系统化的程序来发展理论，在以往研究中也经常被用来探索和归纳某一现象的成因。扎根理论作为一种根植于定性资料的研究范式，已经广泛应用于相关的管理领域。本书沿用 Strauss 和 Corbin（1994）设计的扎根理论，进行概念和理论构建。其具体包括问题界定、文献讨论、资料收集、三级编码（开放编码、主轴编码、选择编码）、建立理论等过程（Pandit，1996），其中对资料进行三级编码是扎根理论中最重要的环节。按照编码原则，首先通过开放编码对原始资料进行分析、归类以及确定范畴，其次将研究主题与内容资料通过主轴编码进行分析和建立关系，最后对概念范畴进行提炼和整合，得出"消极作为"行为影响因素的核心类别。第二，根据得出来的影响因素变量进行第二阶段的数据收集，对样本二的数据直接运用 SPSS 21.0 统计软件进行数据录入，然后运用 SPSS 21.0 统计软件对数据直接进行了预处理（如缺失值的处理等），接着进行信度检验和效度检验、相关性分析和 Logist 回归分析，进一步验证通过扎根理论得出的影响"消极作为"行为的具体因素是如何产生影响的。

6.3.2 研究样本及过程

本书的研究样本主要来自两个阶段的数据：第一阶段的数据主要是对 36 位公共部门人员进行一对一的访谈，主要目的是在探索和开发"消极作为"行为内涵的基础上，进一步对影响"消极作为"产生的因素进行探究。访谈问题主要围绕"您认为中国目前产生'消极作为'行为最主要的因素有哪些"这一问题展开。为了探索"消极作为"行为目前存在的普遍性，访谈样本的选择是有目的性地选择了多个行业、多个职位、不同年龄段的人群进行研究，尽可能保证了样本的代表性与多样性。

由于前文对"消极作为"行为的普适性进行了验证，因为在文献查阅以及访谈过程中发现，山东和河南两个省份"消极作为"行为出现的案例较为突出，影响因素比较明显，受儒家文化的影响比较深，多方面因素的体现较为全面；同时员工对其工作中出现的情况更愿意从多个角度交流分享，对于"消极作为"行为的存在也分享出更多的情景，其影响范围也更加广泛。因此，第二阶段的数据选取山东和河南两省的数据作为进一步分析的研究样本，共收到问卷 502 份，剔除无效问卷后，最终得到有效问卷 485 份。

本书中参与样本二分析的人口统计学特征分布如表 6-1 所示。在 485 份有效问卷中男性有 258 名，女性有 227 名，分别占总样本人数的 53.2% 和 46.8%，男女比例比较平均。在年龄方面，25 岁及以下的人员有 16 人，占 3.3%；26~35 岁的有 197 人，占 40.6%；36~45 岁的有 188 人，占 38.8%；46~55 岁的有 64 人，占 13.2%；55 岁以上的有 20 人，占 4.1%。从婚姻状况来看，被调查人员中已婚人员占多数，达到了 391 人，占 80.6%；未婚人员有 94 人，占 19.4%。在受教育程度方面，本科学历有 293 人，所占的比例最大，占总调查人数的 60.4%；其次是硕士学历，占总人数的 33.8%；博士和大专及以下学历人数占比相对较少，分别占 4.1% 和 1.6%。在调查人员的职务方面，基层员工和基层管理者占比较大，分别为 225 人和 119 人，共占 70.9%；其次是中层管理者，占了总调查人数的 21.0%；高层管理者占比相对较小，共有 39 人，占了总调查人数的 8.0%。总体来看，本书研究样本的年龄、受教育程度、工作年限和职务能比较清楚地反映目前中国公共部门人员的整体现实情况，具有较好的代表性。

表 6-1　样本二的描述性统计（$N=485$）

变量		人数（人）	比例（%）	变量		人数（人）	比例（%）
性别	男	258	53.2	婚姻状况	已婚	391	80.6
	女	227	46.8		未婚	94	19.4
年龄	25 岁及以下	16	3.3	受教育程度	大专及以下	8	1.6
	26~35 岁	197	40.6		本科	293	60.4
	36~45 岁	188	38.8		硕士	164	33.8
	46~55 岁	64	13.2		博士	20	4.1
	56 岁及以上	20	4.1				
工作年限	5 年及以下	33	6.8	职务	高层管理者	39	8.0
	6~10 年	201	41.4		中层管理者	102	21.0
	11~15 年	176	36.3		基层管理者	119	24.5
	16~20 年	54	11.1		基层员工	225	46.4
	21 年及以上	21	4.3				

6.3.3　测量工具

本书对制度压力、繁文缛节、中庸思想、公共服务动机、心理安全感、责任感、消极作为行为这 7 个核心潜变量进行了测量，每个变量均参考相应的成熟量表。本书中使用的量表均采用李克特 5 点计分。

制度压力的测量是在 Qu(2007)、沈奇和泰松(2010)的制度量表的基础上结合中国公共部门的相关背景，对制度压力量表进行修改与完善。其包含 11 道题目："公众会从行业或职业协会中了解单位的各种规范""单位遵循各种规范对单位有很强的影响力""我们单位所在的行业组织制定了行业准则""单位通过各种形式宣传应该遵守法律法规"等。本书根据其样本数据对制度压力进行了探索性因子分析。结果显示，这 11 个条目量表的取样足够度的 KMO 度量为 0.913，Bartlett 的球形度检验达到显著，表明取样足够，适合进行因子分析。这 11 个条目的因子负荷均介于 0.688 ~ 0.745(均大于 0.45)。Cronbach's α 为 0.831，大于 0.70，表明由这 11 个条目构成的制度压力量表具有较好的信度和效度。

繁文缛节的测量题项采用的是 Pandey 和 Scott(2002)提出来的 4 个题目的量表，包括"即使在单位工作表现很差，按照规章制度也不会被开除""晋升规则也无法保证一个优秀的员工得到较快的晋升""薪酬制度不允许对一个工资很高的员工继续提高工资奖励""单位的人事规则和程序使领导很难奖励表现良好的下属"。我们根据其样本数据对繁文缛节进行了探索性因子分析。结果显示，这 4 个条目量表的取样足够度的 KMO 度量为 0.783，Bartlett 的球形度检验达到显著，表明取样足够，适合进行因子分析。这 4 个条目聚合成一个共同因子，各条目的因子负荷介于 0.736 ~ 0.7828(均大于 0.45)。其共同因子的特征值为 2.506，大于 1；累计解释变异量为 62.65%，大于 60%；Cronbach's α 为 0.810，大于 0.70，表明由这 4 个条目构成的繁文缛节量表具有较好的信度和效度。

中庸思想采用杜旌等(2014)在赵志裕(2000)等开发的问卷基础上修订的 6 个题项量表进行测量，如"与同事相处只做到合理是不够的，还要合情"等。同样根据其样本数据对中庸思想进行了探索性因子分析。结果显示，这 6 个条目量表的取样足够度的 KMO 度量为 0.737，Bartlett 的球形度检验达到显著，表明取样足够，适合进行因子分析。这 6 个条目的因子负荷均介于 0.587 ~ 0.785(均大于 0.45)。该共同因子的特征值为 2.656，大于 1；Cronbach's α 为 0.735，大于 0.70，表明由这 6 个条目构成的中庸思想量表具有较好的信度和效度。

公共服务动机量表采用的是刘帮成等(2008)在 Perry 制定的原始量表上进一步修正的适用于中国背景下的公共服务动机量表。本量表共包含 18 个题目，主要包括"我将公共服务视为自己应尽的公民义务""有意义的公共服务对我很重要"等。本书根据其样本数据对公共服务动机进行了探索性因子分析。结果显示，这18个条目量表的取样足够度的 KMO 度量为 0.930，Bartlett 的球形度检验达到显著，表明取样足够，适合进行因子分析。这18个条目的因子负荷均介于 0.523~0.826（均大于 0.45）。Cronbach's α 为 0.716，大于 0.70，表明由这18个条目构成的公共服务动机量表具有较好的信度和效度。

心理安全感问卷采用的是何轩（2010）基于 Edmondson 在 1999 年开发的问卷，考虑到研究情景和样本对其进一步修订和测试得到最终的 3 道题目，主要包括"我很难得到团队中其他成员的帮助"等。同样，本书根据其样本数据对中庸思想进行了探索性因子分析。结果显示，这 3 个条目量表的取样足够度的 KMO 度量为 0.648，Bartlett 的球形度检验达到显著，表明取样足够，适合进行因子分析。这 3 个条目聚合成一个共同因子，各条目的因子负荷介于 0.741~0.837（均大于 0.45）。该共同因子的特征值为 1.865，大于 1；累计解释变异量为 62.17%，大于 60%；Cronbach's α 为 0.796，大于 0.70，表明由这 3 个条目构成的心理安全感量表具有较好的信度和效度。

责任感问卷主要采用的是 Phelps 和 Morrison（1999）提出的 5 个题目量表，主要包括"我有责任在工作中做出改变""改进自己的工作，我责无旁贷"等。同样，本书根据其样本数据对责任感进行了探索性因子分析。结果显示，这 5 个条目量表的取样足够度的 KMO 度量为 0.686，Bartlett 的球形度检验达到显著，表明取样足够，适合进行因子分析。这 5 个条目聚合成一个共同因子，各条目的因子负荷介于 0.582~0.790（均大于 0.45）。该共同因子的特征值为 1.865，大于 1；Cronbach's α 为 0.709，大于 0.70，表明由这 5 个条目构成的责任感量表具有较好的信度和效度。

"消极作为"行为的测量采用的是前面通过扎根理论开发的量表，共15个测量条目，包括"在工作中不会对自身工作要求太高""对待棘手、不能胜任的工作就先做做样子应付过去""在工作时间经常感到无心工作"等，其一致性信度系数为 0.926。

控制变量：由于员工的公共服务动机会在一定程度上受到个人受教育程度和对单位了解程度的影响，因此首先控制受教育程度。此外，还控制了受访员工的年龄和性别。

对人口统计学变量进行以下处理：①性别作为虚拟变量进行处理，"1"代表男性，"2"代表女性；②年龄按照类别进行了以下分类，"1"代表25岁及以下，"2"代表26~35岁，"3"代表36~45岁，"4"代表46~55岁，"5"代表56岁及以上；③婚姻状况作为虚拟变量进行处理，"1"代表已婚，"2"代表未婚；④受教育程度主要分为4个类别，"1"代表大专及以下，"2"代表本科，"3"代表硕士，"4"代表博士；⑤工作年限主要分为5个类别，"1"代表5年及以下，"2"代表6~10年，"3"代表11~15年，"4"代表16~20年，"5"代表21年及以上；⑥职业级别主要分为4个类别，"1"代表基层员工，"2"代表基层管理者，"3"代表中层管理者，"4"代表高层管理者。

6.4　假设检验

在验证假设之前，首先对量表的信度和效度进行了检验。检验结果表明本书所测量的7个变量的Cronbach's α均高于0.70，表明问卷的一致性水平比较高，具有良好的信度。然后通过检验聚合效度和区分效度确定量表的总效度。首先，本文使用的量表都是根据我国情境在已有量表基础上进一步修订而来的，保证了量表的内容效度。制度压力、中庸思想、繁文缛节、公共服务动机、心理安全感、责任感、"消极作为"行为这7个构念的因子载荷范围均介于0.6~0.9（均大于0.6），说明各个构念具有较好的聚合效度；然后对于区分效度借助平均变异数抽取量（AVE）进行判定（文宏和张书，2017），AVE值越大，说明指标变量被解释程度越大。一般来说，AVE的判断标准也要大于0.5，判定区分效度的标准就是需要每个构念的平均变异数抽取量大于各个题项间的相关系数的平方值（文宏和张书，2017）。因此，通过计算得出7个构念的AVE值均大于0.5，满足效度检测要求，说明量表具有较好的区分效度。

其次，利用AMOS 21.0对其构建的主要构思变量进行了验证性因子分析。结果显示，七因素模型与其他几个因素模型相比存在显著差异，且七因素模型对实际数据拟合的效果最好（$\chi^2/\mathrm{df}=1.89$，RMSEA $=0.006$，CFI $=0.95$，GFI $=0.98$），说明变量之间存在良好的判别效度。因此，本书选用七因素模型。

由于本书的数据都是来自同一渠道、同一时间的报告数据，因此很有可能存在严重的同源偏差的问题。在进一步分析之前，本书进行了 Harman 单因素分析法。通过对所有测量题目进行探索性因子分析来检查未旋转因子的解。结果表明没有单个因子累计方差贡献率占据大部分的情况，由此，认为本书的调研数据不存在严重的同源偏差问题（张宗贺和刘帮成，2017）。

　　表 6-2 列出了各变量的均值、标准差、相关系数、显著性水平。相关分析表明，个人特征变量中在性别和受教育程度上与"消极作为"行为并没有表现出相关性，但是在年龄、婚姻状况、工作年限以及职务方面均表现出与"消极作为"行为存在一定的相关性。同时，描述性和相关性分析结果也进一步验证了制度压力（$r=0.117$，$p<0.01$）、繁文缛节（$r=0.545$，$p<0.001$）、中庸思想（$r=0.661$，$p<0.001$）、公共服务动机（$r=-0.229$，$p<0.001$）、心理安全感（$r=-0.122$，$p<0.01$）、责任感（$r=-0.646$，$p<0.001$）与"消极作为"行为之间显著相关性。因此，前文提出的理论预测均得到了初步的验证，适合进一步做回归分析。

　　在做回归前，应该先对多重共线性问题进行检验。在做相关性分析时，已初步排除自变量的共线性问题，为做进一步的检验，以方差膨胀因子（VIF）为指标进行分析。一般情况下，当 VIF>10 时，就说明解释变量间线性相关较为严重，从而影响回归方程的分析（文宏和张书，2017）。通过结果可以看出 VIF 值均小于 4，D-W 值均接近 2；表明回归模型不存在严重的多重共线性以及残差自相关等问题，因而本书的回归结果是可靠的（张宗贺和刘帮成，2017）（见表 6-3）。

　　本书采用 SPSS 21.0 对假设进行检验。第一步，先将人口统计学变量放入回归分析过程，模型 1 成立。第二步，验证制度压力对"消极作为"的影响，制度压力（模型 2）变量进入回归分析过程后的结果如表 6-3 所示，模型 2 成立。制度压力与消极作为（$R^2=0.690$，$\beta=0.102$，$p<0.01$）显著相关，表明制度压力能够显著地影响消极作为，并且能够解释员工"消极作为"行为变异的 69%。由此，H1 得到验证。第三步和第四步，验证组织层面上繁文缛节和中庸思想对"消极作为"行为的影响，由模型 3 和模型 4 可以看出，繁文缛节对"消极作为"行为具有显著的正向影响（$\beta=0.205$，$p<0.001$），中庸思想对"消极作为"行为也具有显著的正向影响（$\beta=0.343$，$p<0.001$）。由此，H2 和 H3 均得到了验证。

表6-2 变量的均值、标准差及相关性矩阵（N=485）

变量	均值	标准差	1	2	3	4	5	6	7	8	9	10	11	12
1 性别	1.47	0.50	—											
2 年龄	2.74	0.88	-0.054	—										
3 婚姻状况	1.19	0.40	0.031	-0.356***	—									
4 受教育程度	2.40	0.60	0.023	-0.002	-0.053	—								
5 工作年限	2.65	0.92	-0.045	0.851***	-0.277***	0.038	—							
6 职务	2.02	1.11	-0.019	0.450***	-0.100*	-0.045	0.487***	—						
7 制度压力	2.90	0.58	0.055	0.077	-0.034	0.015	0.018	-0.001	—					
8 繁文缛节	3.08	0.85	0.046	0.475***	-0.230***	0.084	0.425***	0.206***	0.332***	—				
9 中庸思想	3.11	0.66	0.048	0.553***	-0.175***	0.078	0.581***	0.253***	-0.095*	0.181***	—			
10 公共服务动机	2.81	0.42	0.059	-0.188***	0.058	0.012	-0.162***	-0.061	-0.588***	-0.387***	0.021	—		
11 心理安全感	2.80	0.81	-0.020	-0.095*	0.009	-0.017	-0.048	0.003	-0.672***	-0.309***	0.083	0.690***	—	
12 责任感	2.88	0.71	-0.015	-0.578***	0.264***	-0.047	-0.541***	-0.267***	-0.139***	-0.372***	0.561***	0.226***	0.154***	—
13 "消极作为"行为	3.06	0.83	0.008	0.802***	-0.224***	0.041	0.781***	0.421***	0.117**	0.545***	0.661***	-0.229***	-0.122**	-0.646***

注：* $p<0.05$，** $p<0.01$，*** $p<0.001$，N代表样本数。

表6-3　假设检验的回归分析结果

变量	"消极作为"行为							VIF
	模型1	模型2	模型3	模型4	模型5	模型6	模型7	
性别	0.083	0.076	0.057	0.049	0.081	0.090*	0.076	1.004
年龄	0.501***	0.485***	0.426***	0.439***	0.489***	0.486***	0.403***	3.881
婚姻状况	0.117**	0.118*	0.148*	0.111*	0.113	0.115*	0.158*	1.156
受教育程度	0.038	0.036	0.063	0.015	0.036	0.039	0.022	1.014
工作年限	0.304***	0.315***	0.284***	0.205***	0.310***	0.303***	0.262***	3.846
职务	0.021	0.023	0.025	0.031	0.023	0.024	0.023	1.331
制度压力		0.102**						1.019
繁文缛节			0.205***					1.324
中庸思想				0.343***				1.566
心理安全感					−0.058*			1.017
公共服务动机						−0.165**		1.041
责任感							−0.300***	1.539
R^2		0.690***	0.719***	0.732***	0.688**	0.692**	0.728***	
ΔR^2		0.686***	0.715***	0.728***	0.684**	0.687**	0.724***	
F		151.879***	174.181***	186.390***	150.575**	153.086**	182.553***	
D−W		1.011	0.895	0.979	1.012	0.988	0.936	

注：$*p<0.05$，$**p<0.01$，$***p<0.001$，N代表样本数。

接下来验证个体层面中心理安全感、公共服务动机以及责任感对"消极作为"行为的影响，第五步、第六步和第七步则分别将心理安全感、公共服务动机以及责任感三个变量依次加入回归分析过程，由模型5、模型6和模型7可以看出，心理安全感对"消极作为"行为具有显著的负向影响（$\beta=-0.058$，$p<0.05$），公共服务动机对"消极作为"行为具有显著的负向影响（$\beta=-0.165$，$p<0.01$），责任感对"消极作为"行为也具有显著的负向影响（$\beta=-0.300$，$p<0.001$）。因此，H4、H5 和 H6 得到了验证。

6.5 本章小结

首先，本章根据扎根理论的思路和流程，基于前文构建的"消极作为"行为影响因素模型，主要从情境因素、组织因素和个体因素三个层面进行解释和分析，共得到制度压力、繁文缛节、中庸思想、心理安全感、公共服务动机、责任感这6个主范畴。围绕这6个主范畴共产生了6个假设命题。命题一，制度压力→"消极作为"行为，该假设命题主要解释的是"消极作为"行为在制度层面的影响因素；命题二，繁文缛节→"消极作为"行为；命题三，中庸思想→"消极作为"行为，这两个命题主要解释的是"消极作为"行为在组织层面的影响因素；命题四，心理安全感→"消极作为"行为；命题五，公共服务动机→"消极作为"行为；命题六，责任感→"消极作为"行为，这三个命题主要解释的是"消极作为"行为在个体层面的影响因素。

其次，根据得出来的影响因素变量进行第二阶段的数据收集，对样本二的数据直接运用SPSS 21.0统计软件进行数据录入及分析，进行信度和效度的检验、相关性分析和多元线性回归分析，进一步验证通过扎根理论得出的影响"消极作为"行为的具体因素的影响过程。通过以上的分析，本章验证了提出的假设：①制度压力对"消极作为"行为产生显著的正向影响。现行的体制机制和制度保障体系存在一定的问题，会造成层级之间、部门之间的职责不明、权责不清，一系列制度的运行和实施也会对公共部门人员的工作开展和心理认知产生不同程度的影响，从而导致制度压力对员工行为带来一定的影响。②繁文缛节和中庸思想对"消极作为"行为产生显著的正向影响。在制度运行过程中，规章制度繁杂，程序冗长，缺乏有效的规范体系，容易使公共部门人员在工作过程中投机取巧，推诿责任，进而造成"不作为"行为的出现；同时，对于公务人员长期受到组织生态的影响，做事态度保持中立，做事风格趋于求稳，直接导致了公共部门人员缺乏一定的工作主动性，从而影响"消极作为"行为的产生。③心理安全感、公共服务动机和责任感对"消极作为"行为产生显著的负向影响。心理安全感越高的员工越愿意相信组织、承担责任，希望在工作中有所表现、有所作为，同时具有较强的公共服务动机的公务员在工作中也往往会表现出更高的责任感（陆聂海，2016），愿意为组织做更多的贡献，激发更多的工作热情。因此，心理安全感、公共服务动机和责任感较强的员工更倾向于在自己的工作上有所作为，进而有效规避一些"不作为"行为。

最后，"消极作为"行为的影响因素比较复杂，既具有共性原因，也具有一些来自外部因素带来的特殊原因，但将"消极作为"行为作为一种组织行为研究，我们应该从不同层面对"消极作为"行为进行系统化探索和分析。本章的研究表明，"消极作为"行为的影响因素涉及政治生态、制度体制、运行机制、公共部门人员自身素质等多方面的问题。但本章从三个不同的层面对其进行探讨、归纳并验证了制度压力、繁文缛节、中庸思想、心理安全感、公共服务动机、责任感六个主要的影响因素。

7 "消极作为"行为的效应释放：

一个跨层次研究

7.1 研究目的

领导干部要勇于担当，敢于作为，那么"消极作为"行为能否在此基础上得到有效的遏制，这是我们应该重视的现实问题。"消极作为"行为的出现对我国的发展有纵深的影响。尽管"消极作为"行为的目的不是给组织带来危害或有意识地损害国家利益，但对于员工个人而言，这种行为处于主观意愿违背或破坏了公职人员应有的行为规范，具有很大的潜在风险性，因而给行为者带来何种结果就存在较大的不确定性。"消极作为"行为是一种个体行为的体现，会对个体的工作带来不同方面的不同程度的影响，同时个体行为也会进一步影响团队、单位甚至国家。然而，目前的相关研究多集中于理论层面的分析，较少有实证分析来探讨"消极作为"行为给组织和个体带来的影响。笔者认为，"消极作为"行为在影响个体的同时也会对组织产生一定程度的影响，对此，本书从组织层面和个体层面对"消极作为"行为的效应释放进行一个跨层次的分析和验证。

7.2 研究理论及假设

7.2.1 “消极作为”行为与团队创新绩效

在一定的工作环境中，创新绩效是指有效组织和引导资源，以增强任务程序和服务过程的完成度（Roberts，1988）。Yesil（2013）认为，团队之间的创新主要包括三个要素：团队任务的特点及其在创新过程中的影响、团队成员之间行为和技能多样性的作用、团队整合。相关研究表明，影响团队创新的因素还包括组织文化和组织气候。例如，Miron 等（2004）发现创新绩效受到创新活动与创新文化互动的显著影响。对他们来说，高度自治、冒险、容忍错误和低官僚主义等维度是创新文化概念最显著的特征。Tsai 等（2015）发现，工作环境和氛围在组织支持和员工创造力之间起着中介作用。以创新为中心的组织战略会影响建立长期创新视角和短期组织计划，以刺激创新和解决创造性问题（Alves et al.，2007）。此外，员工理解并完成组织的使命和愿景，且在组织中发展创新是一个基本因素。

目前，关于团队创新绩效研究的焦点主要集中在团队的氛围、内部结构、领导风格以及团队内部成员的个人能力与团队创新之间的关系，有关个体行为对团队创新绩效的影响研究还比较缺乏（刘小禹等，2011；韩杨等，2016；杨陈和唐明凤，2017）。徐建中和朱晓亚（2016）研究了员工的前摄行为和团队创新绩效的关系，发现个体和团队的前摄行为都会显著提升团队的创新绩效。Weiss 和 Cropanzano（1996）提出工作中的情绪是由特定的工作事件决定的，工作事件产生的情绪对工作满意度和工作绩效产生直接的影响。同理，团队与个人一样会通过共享的经验或事件形成的态度、行为和情感来对团队行为和绩效产生一定的影响（刘小禹等，2011）。路琳和梁学玲（2009）的研究表明，团队积极情绪氛围会促进团队成员的人际沟通和知识共享进而提高团队的创新绩效。刘小禹等（2011）认为，团队一旦受到了来自内部成员个人行为的影响，会使整个团队陷入消极情绪氛围。而“消极作为”行为虽然是个体行为，但所有的个体行为的集聚都会上升到一个群体行为，进而形成一种组织氛围。消极组织氛围会给团队成员之间的人际沟通带来影响，进而影响团队成员之间的相互协助和合作，导致工作绩效和工作满意度降低。由此，本书提出以下假设：

H7："消极作为"行为对团队创新绩效产生负向影响。

7.2.2 "消极作为"行为与服务绩效

在组织行为学领域，学者研究了情绪对态度、行为、认知和人格的影响。学者在工作中的情感（经验、原因和后果）在许多方面都是支离破碎的。这并不奇怪，因为组织是由人组成的，人是有情感的（Akgün et al.，2009）。研究表明积极情绪与促进个人目标实现的事件有关；消极情绪与阻碍目标实现的事件有关（Barclay et al.，2005）。在现代公共管理领域，"消极作为"行为严重影响个体的工作状态和工作绩效。"消极作为"行为是指在特定语境下"为官者"在态度、动机或心理认知上所体现出的消极行为表现（张宗贺和刘帮成，2018）。"消极作为"行为都有不良的行为动机，本质特征都会降低行政的效率和诚信、破坏公共形象（张宗贺和刘帮成，2018）。"消极作为"行为会使群众本应轻松解决的问题无人过问，无人解决，加深党群矛盾，使政府机关陷入服务功能缺失、公信力丧失等不利局面。一般来说，员工绩效指的是员工自主控制进而影响组织目标的行为（Campbell et al.，1993）。在服务环境中，服务对象已经成为定义员工绩效的重要因素（Bowen & Waldman，1999）。Bowen 和 Schneider（1988）提到服务是无形的，服务的前提基础是满足顾客的需求。将绩效标准明确地建立在顾客预期上，可以有效提高员工的服务态度和服务行为（Bowen & Waldman，1999）。本书将员工的服务绩效定义为他们服务和帮助客户的行为，这与客户驱动的员工绩效方法是一致的。因此，员工服务绩效与服务效率的区别在于，服务效率是指服务绩效的结果，如客户满意度和保持率（Campbell，1963；Barrick et al.，2002）。"消极作为"行为无论是从态度、动机还是从心理认知，都表现出员工对待工作的不认真负责、消极被动的行为表象。因为这些消极的特点，人们在工作中消极怠工、缺乏责任心，这往往会直接影响他们最终完成工作的质量和效果。因此，本书提出以下假设：

H8："消极作为"行为对员工的服务绩效产生负向影响。

7.2.3 "消极作为"行为与工作投入

在工业/组织心理学中，投入是一个流行的概念。因为在当今的工作环境中，管理者希望发展工作条件，激励员工投入工作，发挥他们的最大潜能，努力工作，在困难面前坚持下去(Baker & Schaufeli，2008)。相关文献对投入度的定义和衡量有很多不同的方法，如员工投入度、工作投入度和组织投入度。例如，Schaufeli 和 Bakker(2004)将"投入"定义为与"精疲力竭"相反的"敬业"，其特征在于三个维度：活力、奉献和专注。此外，Kahn(1990)将工作投入定义为个体对工作角色付出的努力程度。员工在其角色表现中表现出心理在场、全神贯注、专注、感觉、联系、整合和专注(Rich et al.，2010)。本书借鉴 Schaufeli 和 Bakker(2004)等的观点，将工作投入理解为一种工作状态的体现程度，主要体现为个体积极状态的持续表现力，其特征主要表现为积极、专注和奉献。

根据公平理论，将员工之间的贡献与所获得的情况进行比较，会导致他们在关系中产生嫉妒心理(Tai et al.，2012)。缺乏公平会导致员工在身体上、情感上和认知上脱离工作岗位(Erdil & Bra，2014)。此外，"消极作为"作为一种消极情绪行为，会产生压力。在工作场所，压力会导致精疲力竭。此外，"消极作为"行为会阻碍积极的人际关系，并导致同事之间产生消极的社会交往。工作中的消极社会互动会导致他们每天在工作中的角色分离。做出消极行为的员工会从特定的任务行为中解脱，这是员工脱离工作的根源。换句话说，有消极情绪的员工可能对自己的工作不太投入(Rich et al.，2010)。因此，本书提出以下假设：

H9："消极作为"行为对员工的工作投入产生负向影响。

7.2.4 "消极作为"行为与职业满意度

职业满意度至今还没有形成一个较为统一的概念。根据国外的研究可以将职业满意度归纳为两个方面：一是从客观方面将其理解为基于社会普遍认同标准的满意程度；二是从主观方面将其理解为一种个体认同，主要源于个体自身的感受(Seibert et al.，1999)。职业满意度(Career Satisfaction)既包含员工的正面感受也包含负面感受。相关研究表明，职业满意度与单位内外环境、薪酬、自我获得感以及权力的自由支配等密切相关(Mccormic & Tiffm，1974)。在工作期间，对组织中个体的职业满意度可以其工作环境、工作方式、职业状态、职业压力等为标准进行衡量（Greenhaus，1990；杨何济，2005）。本书采用的职业满意度就是个体所感受到的内、外两部分的满意程度。柏兴华等（2012）发现员工感受到的工作薪酬和工作量的差异会对职业满意度产生影响，还有学者认为工作压力和职业发展困境负向影响职业满意度（陈银飞和茅宁，2010）。"消极作为"作为一种消极行为，受到了制度压力、体制机制、个体动机以及心理认知的影响，这种行为的出现可能会使工作人员的工作量没有减少，但工作效果不理想，进而可能会给自身的工作的顺利开展带来一定的压力，还有可能因此对自身的职业发展不抱希望。因而，"消极作为"行为可能会导致工作人员力不从心，职业满意度下降。因此，本书提出以下假设：

H10："消极作为"行为对员工的职业满意度产生负向影响。

综上所述，本书提出的假设模型如图 7-1 所示。

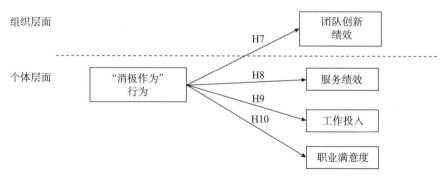

图 7-1　本书提出的假设模型

7.3　研究设计及过程

7.3.1　研究样本及过程

本书的研究样本主要包含两个子样本：子样本一主要是来自访谈的 36 名人员中的 9 名公共部门中高层领导（见表 7-1）。子样本二主要选取山东省、河南省9个单位45个部门的485名公务人员进行调查，调研问卷主要是来自调研中的配对问卷，领导问卷对下属的服务绩效进行测量，员工问卷主要对团队创新绩效、工作投入和职业满意度进行测量。本书研究共发放领导问卷90份、员工问卷600份，最后回收领导问卷83份、员工问卷502份。在问卷回收后对问卷进行配对处理，剔除缺失严重、有明显反应倾向、无法准确配对的问卷，最终共配对成功78组问卷，其中包括领导问卷78份，员工问卷485份，领导问卷有效率为87%，员工问卷有效率为81%。由样本二的485份有效问卷中可知，本样本的年龄、参加工作时间、任职时间和工作岗位也能比较清楚地反映出目前我国公共部门人员的整体现实情况，具有较好的代表性。

表7-1　被访谈者背景信息

受访人员编号	工作岗位	性别	年龄(岁)	参加工作时间(年)	目前岗位任职时间(年)
A	医生(专家)	女	44	16	12
B	区委组织部副部长	男	38	12	4
C	卫健委主任	男	46	20	16
D	大学教授(处长)	女	42	17	9
E	大学教授	男	47	15	10
F	工商局副局长	男	50	26	18
G	财政局局长	女	50	28	20
H	纪检委办公室主任	男	52	28	17
I	土管局局长	男	47	23	15

　　为了提高信息来源的可靠性，本书主要通过以下几个策略来操作：首先，一般对于公共部门人员的"不作为"行为产生的影响来说，单位的领导层人员提供的信息较为全面和可靠，而且他们提供的信息能够更符合当前公共部门所面临的形势。因此，本书选取所有访谈者中的9位中高层领导进行具体分析。另外，为了提高访谈信息的真实性，本书还采用了多渠道获取信息的方式。笔者对不同部门的9位领导进行访谈时，还查阅了一些相关的内部文件等二手资料。由于访谈可能涉及一些部门不便公开的信息，因此笔者对每位领导的访谈均没有录音。但为了尽量保证所获得信息的真实性和有效性，笔者当日就对访谈记

录进行了整理和归档。

根据访谈内容的编码处理结果本书最终归纳出五类来自"消极作为"行为的作用结果（见表7-2）。由于公众满意度和单位形象的测量均应由服务对象来对各个服务单位进行评价，同时在调研过程中也对服务对象进行了询问，发现不同的服务对象对同一个公务人员的满意度和单位的认可度可能会受到不同外在因素的影响，因此，本书只对团队创新绩效、服务绩效、工作投入和职业满意度进行研究。

表7-2 "消极作为"行为的作用结果

类别	主范畴	频次
A	服务绩效	9
B	工作投入	9
C	公众满意度	7
D	团队创新绩效	7
E	职业满意度	5
F	单位形象	5

7.3.2 测量工具

本书采用国内外广泛使用的成熟量表测量变量，调查问卷题项均采用李克特5点量表计分。

"消极作为"行为的测量采用的是前面通过扎根理论开发的量表，共15个测量条目，如"在工作中不会对自身工作要求太高""对待棘手、不能胜任的工作就先做做样子应付过去""在工作时间经常感到无心工作"等，其一致性信度系数为0.926。前面已对这15道题目进行了具体的探索性因子分析和验证性因子分析。

团队创新绩效来自Calantone等（2002）研究中的团队创新绩效量表，本书在Calantone等（2002）所使用的6个题项量表基础上，删除不具普遍适用性的2个题项，采用修订后的4个题项作为本书研究测量团队创新绩效的工具。如"我们部门经常尝试新的想法或创意"，该量表的内部一致性系数为0.90。

对工作投入的测量是在Schaufeli等（2002）开发的17个题项量表的基础上

进行了简化处理后得到的精简版的工作投入量表（UWES-9）（Schaufeli，2006）。该量表已被用于或修订后用于中国情境下的实证研究（刘得格，2011）。因此，本书采用精简后的工作投入量表，由9个题项构成，包括“工作时，我觉得干劲十足”“我为自己所从事的工作感到骄傲”等。本书在后续研究中，将这9条目工作投入量表作为单一维度进行分析。利用样本二中的数据对工作投入进行了探索性因子分析，结果显示，这9个条目量表的KMO值为0.944，Bartlett的球形度检验达到显著，表明取样足够，适合进行因子分析，且每个条目的公因子方差均大于0.20，表示适合纳入因子分析。这9个条目聚合成一个共同因子，各条目的因子负荷介于0.711～0.759（均大于0.45）。该共同因子的特征值为4.937，大于1；Cronbach's α 为0.897，大于0.70，表明由这9个条目构成的工作投入量表具有良好信度和效度（奚玉芹，2012）。

服务绩效的测量在Liao和Chuang（2004）研究成果的基础上，根据访谈的内容对问卷进行了修订，修订后的量表包含6个题项。如“这个员工总会对顾客友好并帮助他们”“这个员工会快速接近顾客”等。同样，我们利用样本二中的数据对服务绩效进行了探索性因子分析。结果显示，该量表的KMO值为0.854，也适合进行因子分析，且每个条目的公因子方差均大于0.20，表示适合纳入因子分析。这6个条目聚合成一个共同因子，各条目的因子负荷介于0.667～0.7206（均大于0.45）。该共同因子的特征值为2.973，大于1；Cronbach's α 为0.831，大于0.70，表明由这6个条目构成的服务绩效量表具有较好的信度和聚合效度。服务绩效作为因变量，需要进行检验并解释服务绩效的组间差异的显著性以便确定能否在个体层面进行统计分析，因此，本书通过对服务绩效进行组内—组间分析（Within and Between Analysis，WAWB）来检验个体测量的独立性（张宗贺和刘帮成，2018）。如表7-3所示，服务绩效在WAWB的分析结果中 F 值并不显著，说明员工的服务绩效组间和组内并没有显著差异。根据数据结果来看，本书并不需要进行分组讨论，只需要基于总体485份问卷进行个体层面上的统计分析。

职业满意度采用的是Greenhaus等（1990）开发的5个题项的量表，该量表已经被广泛使用，被称为最合适、最有效率的测量量表。主要题项包括“我对目前自己的职业目的实现程度感到满意”“对于在职业中取得的成就，我认为是满意的”等。同样，本书也对职业满意度进行了探索性因子分析。结果显示，这 5 个条目聚合成一个共同因子，各条目的因子负荷介于 0.729~0.765（均大于 0.45）。该共同因子的特征值为 2.777，大于 1；Cronbach's α 为 0.762 大于 0.70，表明由这 5 个条目构成的职业满意度量表具有较好的信度和聚合效度。

表 7-3　服务绩效的 WAWB 分析

项目	平方和	自由度	均方	F 值	显著性
组间	20.536	77	0.527	0.685	0.922
组内	183.851	329	0.769		
总计	204.387	406			

控制变量：由于员工的工作态度和行为会在一定程度上受到个人的受教育程度和对单位的了解程度的影响，因此首先控制受教育程度。此外，本书还控制了员工的年龄和性别。

对人口统计学变量进行如下处理：①性别作为虚拟变量进行处理，"1"代表男性，"2"代表女性；②年龄按照类别进行了分类，"1"代表 25 岁及以下，"2"代表 26~35 岁，"3"代表 36~45 岁，"4"代表 46~55 岁，"5"代表 56 岁及以上；③婚姻状况作为虚拟变量进行处理，"1"代表已婚，"2"代表未婚；④受教育程度主要分为 4 个类别，"1"代表大专及以下，"2"代表本科，"3"代表硕士，"4"代表博士；⑤工作年限主要分为 5 个类别，"1"代表 5 年及以下，"2"代表 6~10 年，"3"代表 11~15 年，"4"代表 16~20 年，"5"代表 21 年及以上；⑥职业级别主要分为 4 个类别，"1"代表基层员工，"2"代表基层管理者，"3"代表中层管理者，"4"代表高层管理者。

7.4　假设检验

在验证假设之前，同样先对量表的信度和效度进行了检验。检验结果表明，本书测量的 7 个变量的 Cronbach's α 均高于 0.70，表明问卷的一致性水平比较高，具有良好的信度。

对于效度的检验，主要通过聚合效度和区分效度进行验证。首先，本书使用的量表都是在已有量表的基础上遵循中国情境进行修订的。团队创新绩效、工作投入、服务绩效、职业满意度、"消极作为"行为这 5 个构念的因子载荷范围均介于 0.6~0.9（均大于 0.6），说明各个构念具有良好的聚合效度；然后对于区分效度借助平均变异数抽取量（AVE）进行判定，AVE 值越大，说明指标变量被潜在变量构念解释的程度越大。因此，通过计算得出 5 个构念的 AVE 值均大于 0.5，满足效度检测要求，说明量表具有较好的区分效度，满足各变量之间的相关系数。其次，利用 AMOS 21.0 对其构建的主要变量进行了验证性因子分析。结果显示，五因素模型与其他几个因素模型相比存在显著差异，且五因素模型对实际数据拟合的效果最好（$x^2/df = 1.62$，RMSEA = 0.007，CFI = 0.92，GFI = 0.94），说明变量之间存在良好的判别效度。因此，本书选用五因素模型。

表 7-4 列出了各变量的均值、标准差、相关系数、显著性水平。相关分析表明，各变量的均值与标准差，以及变量间具有相关性。通过对"消极作为"行为与工作投入、服务绩效及职业满意度的描述性和相关性分析可以看出，"消极作为"行为与团队创新绩效（$r = -0.014$），服务绩效（$r = -0.403$，$p < 0.001$）、职业满意度（$r = -0.346$，$p < 0.001$）、工作投入显著相关（$r = -0.406$，$p < 0.001$）。因此，本书提出的假设预测均得到了初步的验证，适合进一步做回归分析。

在做回归分析前，应该先对多重共线性问题进行检验。在做相关性分析时，已初步排除自变量的共线性问题，为做进一步的检验，以方差膨胀因子（VIF）为指标进行分析。一般情况下，当 VIF 大于 10 时，说明解释变量间线性相关较为严重，从而影响回归方程的分析（文宏和张书，2017）。由结果可以看出 VIF 值均小于 4，D-W 值也均接近 2；表明回归模型不存在严重的多重共线性以及残差自相关等问题，因而本书的回归结果是可靠的（张宗贺和刘帮成，2017）（见表 7-5）。

本书采用 SPSS 21.0 对假设进行检验，先投入控制变量然后投入自变量，对结果变量进行预测。第一步，个体特征变量（控制变量）进入回归分析过程，模型 1 成立。第二步，验证团队创新绩效对"消极作为"的影响，团队创新绩效（模型 2）变量进入回归分析过程后结果如表 7-5 所示，模型 2 成立。"消极作

表7-4 变量的均值、标准差及相关性矩阵（N=485）

变量	均值	标准差	1	2	3	4	5	6	7	8	9	10	11
1 性别	1.47	0.50	—										
2 年龄	2.80	0.92	0.028	—									
3 婚姻状况	1.32	0.47	-0.040	-0.481***	—								
4 受教育程度	2.40	0.59	0.023	0.019	0.069	—							
5 工作年限	2.74	0.98	0.019	0.674***	-0.317***	0.079	—						
6 职务	2.09	1.07	0.066	0.669***	-0.379***	0.087	0.705***	—					
7 "消极作为"行为	3.14	0.73	0.034	0.697***	-0.534***	0.030	0.728***	0.654***	—				
8 团队创新绩效	3.02	0.50	-0.034	0.091*	0.020	-0.018	0.082	0.122**	-0.014	—			
9 工作投入	2.87	0.79	-0.029	-0.258***	0.190***	0.079	-0.251***	-0.167**	-0.406**	0.047	—		
10 服务绩效	3.10	0.59	-0.121**	-0.142***	0.194***	0.040	-0.290***	-0.162**	-0.403**	0.083	0.385***	—	
11 职业满意度	2.94	0.78	0.033	-0.128**	0.150**	0.073	-0.218***	-0.079	-0.346*	0.090*	0.187***	0.086	—

注：***$p<0.001$，**$p<0.01$，*$p<0.05$。

表 7-5　回归分析结果

变量	"消极作为"行为					VIF
	模型 1	模型 2	模型 3	模型 4	模型 5	
性别	-0.042	-0.041	-0.138	-0.040	0.049	1.007
年龄	0.020	0.041	0.175	-0.033	0.132	2.382
婚姻状况	0.046	-0.003	0.033	-0.084	-0.023	1.329
受教育程度	-0.026	-0.026	0.053	0.110	0.098	1.023
工作年限	-0.010	0.028	-0.105	0.019	-0.081	2.345
职务	0.063	0.073	0.082	0.123	0.166	2.354
团队创新绩效		-0.123				3.005
服务绩效			-0.445***			3.005
工作投入				-0.580***		3.005
职业满意度					-0.580***	3.005
R^2		0.030**	0.229***	0.191***	0.175**	
ΔR^2		0.015**	0.218***	0.179***	0.163**	
F		2.079	20.263***	16.071***	14.434***	
$D-W$		1.772	0.733	0.533	0.727	

注：***$p<0.001$，**$p<0.01$，*$p<0.05$。

为"行为与团队创新绩效之间的关系（$\beta=-0.123$ns）不显著，表明"消极作为"行为对团队创新绩效没有表现出显著的影响。因此，H7 没有得到验证。第三步、第四步和第五步，验证个体层面上"消极作为"行为对服务绩效、工作投入和职业满意度的影响，由模型 3、模型 4 和模型 5 可以看出，"消极作为"行为对服务绩效具有显著的负向影响（$\beta=-0.445$，$p<0.001$），"消极作为"行为对工作投入具有显著的负向影响（$\beta=-0.580$，$p<0.001$），"消极作为"对职业满意度也具有显著的负向影响（$\beta=-0.551$，$p<0.001$）。因此，H8、H9 和 H10 均得到了验证。

7.5　本章小结

本章主要从组织层面和个体层面对"消极作为"行为的效应进行了解释和分

析，共得到团队创新绩效、工作投入、服务绩效及职业满意度这4个作用变量。围绕这4个作用变量共产生了4个假设。然后，通过采用领导—员工问卷进行数据收集，对样本二的数据进行信度和效度的检验、相关性分析和多元线性回归分析。通过以上的分析，本章提出的理论假设得到了检验，结果表明：①"消极作为"行为对团队创新绩效并没有产生显著的负向影响。因此，H7没有得到支持。②"消极作为"行为对服务绩效产生显著的负向影响。③"消极作为"行为对工作投入产生显著的负向影响。④"消极作为"行为对职业满意度产生显著的负向影响。H8、H9和H10均得到了进一步验证。本章的研究结果表明，"消极作为"行为的效应释放具有一定的复杂性，涉及个体的工作状态和职业倾向等多方面的问题。但是，本章只对"消极作为"行为作为一种个体行为所带来的后果进行探讨、归纳并验证了4个主要的作用因素，即团队创新绩效、工作投入、服务绩效和职业满意度。

研究结果表明，"消极作为"行为并没有对团队创新绩效产生显著的影响，原因可能是"消极作为"作为一种个体行为，在测量时只能测量其行为倾向，同时团队对创新绩效的要求较为具体，并且创新绩效关乎于整个团队的成果和荣誉，可能不仅会受到个别"消极作为"行为的影响，或许"消极作为"行为作为个体行为在影响团队层面的效果还受到了其他制度或者机制的影响，未来还需要进一步挖掘和探索。

8 效应释放的心理机制研究

8.1 研究目的

本章拟在前几章对"消极作为"行为维度结构进行理论分析的基础上，通过对"消极作为"行为的含义和影响因素的讨论，在不同层面分析的"消极作为"行为的影响因素模型框架下，结合其他相关理论、已有文献、半结构化访谈等，进行逻辑推理分析，构建"消极作为"行为的心理机制模型，并提出相应的假设。[①]

8.2 研究理论及假设

8.2.1 工作投入与服务绩效

工作投入过程体现了个体在积极、完整的工作角色中充分发挥自己的能力。投入型个体被描述为在心理上存在、完全存在、专注、感觉、联系、整合和专

---

① "消极作为"行为与工作投入、服务绩效、职业满意度的理论假设已在第 7 章进行论述和验证，在此不再赘述。

注于他们的角色表现。他们对自己和他人敞开心扉，与工作和他人联系在一起，把自己的能力全部发挥出来（Kahn，1992）。因此，从 Kahn 的角度来看，工作投入度最好被描述为一个多维度的激励概念，反映个人在积极、充分的工作表现中的身体、认知和情感能量的同时投资。更直接地说，投入是潜在形式的多维激励结构，其维度充当更高层次参与概念的独立者（Law et al.，1998）。

本书将服务绩效定义为员工为了满足顾客期望直接或间接为组织目标贡献的一组行为表现（Borman & Motowidlo，1993；Campbell，1990）。投入度是一个反映人的能动性的概念，因此，将重点放在员工意志控制下的冲突序列上是合适的。此外，由于行为绩效具有多个维度，因此每个维度都可以洞察员工行为的具体类型，这些类型将投入度的影响传递给更"客观"的结果，如生产力、效率和质量。Kahn（1990）并没有明确地概述投入度和绩效之间的关系。然而，本书有强有力的理论理由相信这种联系的存在。在一般层面上，工作投入度高的员工不仅目标明确，而且在认知上保持警惕，其在情感上与努力有关（Ashforth & Humphrey，1995；Kahn，1990）；相比之下，工作投入度低的员工会保留他们的工作消耗（Goffman，1961；Kahn，1990；Rich & Lepine，2010）。在更具体的层面上，理论研究将衡量三种能量的投入与绩效联系起来。首先，将体力投入工作角色有助于实现组织目标，因为这有助于在较长时间内以更大的努力完成有组织价值的行为（Kahn，1990，1992）。Brown 和 Leigh（1996）在多个样本中发现，努力工作的员工表现出更高的工作绩效水平。其次，将认知能量投入工作角色有助于实现组织目标，因为它促进了更加警惕和专注的行为（Kahn，1990）。最后，将情感能量投入工作角色有助于以多种相关方式实现组织目标（Kahn，1990）。将情感能量投入角色的人通过促进同事之间在追求组织目标方面的联系来提高绩效（Ashforth & Humphrey，1995）。情感能量的投入也有助于个体满足其角色的情感需求，从而获得更完整和真实的表现（Kahn，1990，1992）。

先前的研究表明，工作投入在员工和组织结果中起到了关键作用。Bakker 和 Bal（2010）认为，工作投入与工作绩效之间存在显著的正相关关系。Warshawsky 等（2012）发现，工作投入度与主动工作行为显著相关。Hakanen 等（2008）认为，从事更高工作水平的员工表现出更大的个人创新性。

8.2.2　工作投入与职业满意度

有关态度以及态度—行为关系的研究，几乎从这些学科的创立之日起，就被社会心理学和组织心理学所关注（Ajzen & Fishbein，1980）。在组织心理学中，对态度的研究主要集中在员工对工作的认知和情感反应上。事实上，Roznowski和 Hulin（1992）曾声称一旦一个人被一家公司雇用，工作满意度就是关于他最重要的信息。此外，在态度—行为关系方面，组织心理学中一个流行而持久的观点是"快乐的生产型员工"；也就是说，工作满意度是工作绩效的重要前因（Zelenski et al.，2008）。

近年来，在需要招聘和培训员工方面，职业不满意度导致的员工流动是组织中的一个严重问题（Thanacoody et al.，2014），因此，在加强员工依恋方面存在巨大的利益。对自己职业满意的员工更有可能留在当前雇主身边（Shuck & Reio，2014），对职业不满意的员工则打算离开他们的组织。例如，经历过消极工作环境的员工会产生消极的情绪旋涡，导致职业倦怠，从而休假。如果员工在认知上不满意，他会觉得工作不安全，想离开（Shuck & Reio，2014）。在同样的情况下，情感上的不满意度则会削弱组织的效率，降低他们在组织中维持和在其他地方寻找替代工作的意愿。投入的最后一个维度是行为投入，它与诸如认知和情感参与等转换意图有负相关关系（Rothbard，2001）。如前文所述，这些影响促使员工在动态工作环境中寻求其他工作。实证研究表明，职业满意度与投入度（活力、敬业度、专注度）各维度之间存在一定的关系。然而，尽管存在显著的潜在联系，但工作投入度与职业满意度之间的关系仍未显示出来。根据其原来的定义，"满意"指的是可接受的水平，而投入度指的是热情、充满活力的状态。工作状态决定着个体的工作认同度。因此，本书认为工作投入与职业满意度之间存在一定的关系。

8.2.3　工作投入的中介作用

投入度由情感、认知和行为组成，因此工作投入度高的员工通过思想、内在和行为进入组织。实证研究和元分析研究一致发现，工作投入对个体工作的开展具有促进作用（Rich et al.，2010；Chen et al.，2018）。李伟和梅继霞（2013）实证研究发现，外在动机正向影响工作投入；王胜男（2015）对 257 名青年医生进行调查发现，主动性人格正向影响工作投入；刘伟国和施俊埼（2015）的研究表明，自主性人格正向影响工作投入；Bledow 等（2011）发现，积极情感和积极环境对于个体的工作投入程度具有正向影响；还有研究表明工作投入对员工绩效有积极的影响（Hakanen & Schaufeli，2012）。对此，本书推测消极的工作态度，不作为行为将会影响员工的工作积极性，使其工作投入度降低，进而影响员工的工作状态以及工作效果。因此，本书提出以下假设：

H11：工作投入在"消极作为"行为与员工服务绩效关系中起到中介作用。

H12：工作投入在"消极作为"行为与员工职业满意度关系中起到中介作用。

理论研究框架如图 8-1 所示。

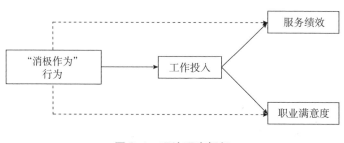

图 8-1　理论研究框架

8.3　研究设计及过程

8.3.1　研究样本及过程

本章的研究样本与第 7 章样本数据相同，在此不再赘述。

根据前文所研究的"消极作为"行为作用结果发现"消极作为"行为对团队创新绩效并没有产生显著的影响，对此本章只对个体层面的心理机制进行初步探讨。由于"消极作为"行为产生的心理机制是一个复杂的过程。目前，许多重要的问题和因素需要深入探讨，因此本书认为应该通过定性和定量相结合的方式来研究"消极作为"行为的心理机制。首先，本书根据研究构思对"消极作为"行为的心理机制相关问题进行了文献查阅以及半结构化访谈。本书主要关心的问题是，"'消极作为'行为的产生会带来哪些直接或间接的影响"。其次，结合其他相关理论、已有文献并通过逻辑推理分析，构建"消极作为"行为的心理机制理论模型。最后，运用SPSS 21.0统计软件对数据进行预处理、对各变量进行信度和效度的检验、变量之间的相关性分析以及多元线性回归分析，进一步验证"消极作为"行为的心理机制理论模型的相关假设。

8.3.2　测量工具

"消极作为"行为的测量采用的是前文通过扎根理论开发的量表，共15个测量条目，如"在工作中不会对自身工作要求太高""对待棘手、不能胜任的工作就先做做样子应付过去""在工作中经常感到无心工作"等，其一致性信度系数为0.926。前文已对这15道题目进行了具体的探索性因子分析和验证性因子分析。

工作投入采用的是Schaufeli等（2002）开发的17个题项工作投入量表的精简版（UWES-9），包含9个题项（Schaufeli，2006）。该量表被修订后用于中国情境下的实证研究（刘得格等，2011）。

服务绩效的测量在借鉴Liao和Chuang(2004)年的研究成果的基础上，根据访谈的内容对问卷进行了修订，修订后的量表包含6个题项。服务绩效在WAWB的分析结果中F值并不显著，说明员工的服务绩效组间和组内并没有显著差异。根据数据结果来看，本书并不需要进行分组讨论，只需要基于总体485份问卷进行个体层面上的统计分析。

职业满意度采用的是Greenhaus等（1990）开发的5个题项的量表。该量表已经被广泛使用，被称为最合适、最有效率的测量量表。主要题项包括"我对目前自己的职业目的实现程度感到满意""对于在职业中取得的成就，我认为是满意的"等。

控制变量：由于员工的工作态度和行为会在一定程度上受到个人的受教育程度和对单位的了解程度的影响，因此首先控制教育水平。此外，本书还控制了员工的年龄和性别。

对人口统计学变量进行如下处理：①性别作为虚拟变量进行处理，"1"代表男性，"2"代表女性；②年龄按照类别进行了以下分类，"1"代表25岁及以下，"2"代表 26~35 岁，"3"代表 36~45 岁，"4"代表 46~55 岁，"5"代表 56 岁及以上；③婚姻状况作为虚拟变量进行处理，"1"代表已婚，"2"代表未婚；④受教育程度主要分为 4 个类别，"1"代表大专及以下，"2"代表本科，"3"代表硕士，"4"代表博士及以上；⑤工作年限主要分为 5 个类别，"1"代表 5 年及以下，"2"代表 6~10 年，"3"代表 11~15 年，"4"代表 16~20 年，"5"代表 21 年及以上；⑥职业级别主要分为 4 个类别，"1"代表基层员工，"2"代表基层管理者，"3"代表中层管理者，"4"代表高层管理者。

8.4　假设检验

首先，对研究数据进行探索性因子分析，删去构思中潜在干扰的观察变量。由于整个构思的测量大多是来自一些相对被引用比较多的文献上的测量工具，因此可以省略对其验证。为了考察构思的测量信度，这里主要根据 Bagozzi（1981）的建议，对每个构思信度指标进行测量。4 个主要的构思信度指标都在 0.70 以上。同时，对相关变量进行效度检验。如表 8-1 所示，这些构思之间存在比较适当的聚合效度。同时，这 4 个变量具有一定的相关性，但相关系数并不等于 1，具有良好的区分效度。

表 8-1　关键构思的相关矩阵

构思	均值	标准差	WGBW	WE	SP	CS
WGBW	3.15	0.73	—			
WE	2.87	0.79	−0.406[**]	—		
SP	3.10	0.59	−0.403[**]	0.385[**]	—	
CS	2.94	0.78	−0.346[**]	0.187[**]	0.086	—

注：$**p<0.01$，WGBW："消极作为"行为，WE：工作投入，SP：服务绩效，CS：职业满意度。

本章主要对"消极作为"行为、工作投入、服务绩效、职业满意度这四个主要变量进行检验，通过验证性因子分析对变量测量之间的区分效度进行评估。

评估结果如表 8-2 所示：观测数据与四因素模型之间的拟合度较好（$x^2 =$ 1147.460，df=554；RMSEA = 0.047，CFI = 0.917，TFI = 0.911）。另外，本书对其他三种替代模型也进行了评估：三因素模型主要是将"消极作为"行为和工作投入进行合并，双因素模型主要是将工作投入、服务绩效和职业满意度进行合并，单因素模型主要是整合全部变量。结果显示，测量变量之间具有良好的区分效度，四因素模型拟合效度最好。

表 8-2 测量模型的分析结果

因子模型	x^2	df	CFI	TLI	RMSEA	SRMR
四因素模型：（WGBW，WE，SP，CS）	1147.460	554	0.917	0.911	0.047	0.043
三因素模型：（WGBW+WE，SP，CS）	2514.902	557	0.727	0.709	0.085	0.091
双因素模型：（WGBE，WE+SP+CS）	2300.259	559	0.757	0.742	0.080	0.091
单因素模型：（WGBE+WE+SP+CS）	348.367	560	0.592	0.567	0.104	0.107

注："+"表示两个因子合并成一个，WGBW："消极作为"行为，WE：工作投入，SP：服务绩效，CS：职业满意度。

各变量之间的相关性如表 8-3 所示。通过对"消极作为"行为与工作投入、服务绩效及职业满意度的描述性和相关性分析可以看出，"消极作为"行为与服务绩效显著相关（$r=-0.403$，$p<0.001$），与职业满意度显著相关（$r=-0.346$，$p<0.001$），也与工作投入显著相关（$r=-0.406$，$p<0.001$）；工作投入与服务绩效显著相关（$r=0.385$，$p<0.001$）；工作投入与职业满意度显著相关（$r=0.187$，$p<0.01$）。因此，假设提出的理论预测均得到了初步验证。

本书采用结构方程模型分析法对前文提出的理论假设进行检验。结构方程可以在模型估计过程中控制测量误差，同时可以通过比较替代模型与假设模型之间的优劣来检验中介效应。首先，应针对服务绩效和职业满意度加入各种控制变量进行回归分析，对服务绩效和职业满意度的残差值进行保存，进一步对结构方程模型进行路径分析和假设检验。其次，在结构方程建模过程中通过控制测量误差来对替代模型与假设模型的优劣进行比较，进而检验假设。

本章一共评估了 3 个模型（包含 2 个竞争模型），如表 8-4 所示。模型 1 是本书的理论假设模型，模型 2 和模型 3 分别代表 2 个竞争模型。模型 2 只检验"消极作为"行为、工作投入与服务绩效和职业满意度之间的直接关系，没有检验中介效应存在的模型。模型 3 主要检验完全中介模型。

表8-3 变量的均值、标准差及相关性矩阵（$N=485$）

变量	均值	标准差	1	2	3	4	5	6	7	8	9	10
1 性别	1.46	0.50	—									
2 年龄	2.80	0.92	0.028	—								
3 婚姻状况	1.32	0.47	-0.040	-0.481***	—							
4 受教育程度	2.40	0.60	0.023	0.019	0.069	—						
5 工作年限	2.74	0.98	0.019	0.674***	-0.317***	0.079	—					
6 职务	2.09	1.07	0.066	0.669***	-0.379***	0.087	0.705***	—				
7 "消极作为"行为	3.15	0.73	0.034	0.697***	-0.534***	0.030	0.728***	0.654***	—			
8 工作投入	2.87	0.79	-0.029	-0.258***	0.190***	0.079	-0.251***	-0.167***	-0.406***	—		
9 服务绩效	2.94	0.78	-0.121**	-0.142**	0.194***	0.040	-0.290***	-0.162***	-0.403***	0.385***	—	
10 职业满意度	3.10	0.59	0.033	-0.128**	0.150**	0.073	-0.218***	-0.079	-0.346***	0.187***	0.086	—

注：***$p<0.001$，**$p<0.01$，*$p<0.05$。

表8-4 竞争模型比较结果

模型	χ^2	df	χ^2/df	CFI	TLI	RMSEA	SRMR
模型1	1147.460	554	2.07	0.917	0.911	0.047	0.043
模型2	2224.369	557	3.99	0.699	0.660	0.128	0.104
模型3	3287.529	559	5.88	0.497	0.463	0.226	0.207

模型1的路径系数估计结果如图8-2所示。测量模型为了简洁，没有汇报出完整的数据结果，仅列出了反映潜变量关系的 γ 系数。"消极作为"行为到工作投入的路径是显著的（$\gamma = -0.441$，$p < 0.001$），工作投入到服务绩效的路径（$\gamma = 0.199$，$p < 0.001$）以及到职业满意度的路径（$\gamma = 0.055\text{ns}$）均是显著的。这表明工作投入（$\gamma = -0.088$，$p < 0.001$）在"消极作为"行为与服务绩效之间的中介效应显著，且 Bootstrp = 10000 的95%置信区间均不包含0，为[-0.132，-0.044]；同时工作投入（$\gamma = -0.024\text{ns}$）在"消极作为"行为与职业满意度之间的中介效应不显著，且 Bootstrp = 10000 的95%置信区间包含了0，为[-0.077，0.029]，表明工作投入在"消极作为"行为与服务绩效之间起到了中介作用，工作投入在"消极作为"行为与职业满意度之间没有起到中介作用。因此，H11得到了支持，H12没有得到支持。"消极作为"行为对服务绩效（$\gamma = -0.240$，$p < 0.001$）和职业满意度（$\gamma = -0.348$，$p < 0.001$）影响的总效应均显著，且 Bootstrp = 10000 的95%置信区间均不包含0，分别为[-0.322，-0.148]、[-0.477，-0.219]，表明"消极作为"行为对服务绩效和职业满意度均具有显著的负向影响。

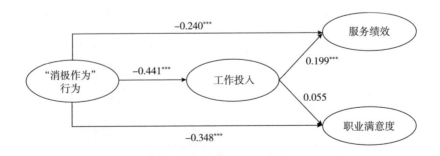

图8-2 模型1的路径系数估计结果

8.5 本章小结

根据结构方程建模的结果可以看出，公共部门人员的"不作为"行为将直接显著地影响其工作过程中的投入程度；同时工作过程中工作人员的工作投入度也显著地影响了其服务绩效和职业满意度，因此本书提出的假设均得到了进一步验证。

同时，为了检验原始构思中的工作投入的中介效应，根据 Kline（2011）关于中介变量的解释，对每个参数的总效应进行了分解（分为直接效应和间接效应），如表 8-5 所示。

表 8-5　中介变量效应检验

原因变量"消极作为"行为	内在潜变量		
	工作投入	服务绩效	职业满意度
直接效应	−0.441***	−0.240***	−0.348***
间接效应		−0.088***	−0.024
总效应		−0.328***	−0.372***

注：***$p<0.001$，**$p<0.01$，*$p<0.05$。

从表 8-5 中可以看出，除了"消极作为"行为对职业满意度的间接效应不显著，其他的直接效应和间接效应均显著；"消极作为"行为对工作投入、服务绩效和职业满意度均有显著的负向影响；工作投入在"消极作为"行为影响服务绩效的过程中也作为一个重要的中介变量而存在。

"消极作为"行为的不断涌现，使中国学者对"消极作为"的关注逐步加强和深入，一方面它给国家治理带来了巨大的挑战，另一方面反映了公共部门制度体系和运行机制存在的问题。它带来的影响是显而易见的。本书主要研究了个体层面"消极作为"行为的心理机制。首先，通过对不同部门不同领导的访谈来初步了解"消极作为"行为带来的影响以及产生的心理机制；其次，根据相关问题对一些服务对象做了相应的了解；最后，结合现实情况构建了"消极作为"行为的影响机制以进行探索。本章发现"消极作为"行为能够影响员工的工作投入、服务绩效以及职业满意度。此外，本章进一步对"工作投入"这个关键构思进行了测量，发现工作投入在这个过程中可能是影响员工服务绩效以及职业满意度的一个关键中介变量。同时，本章从整体视角出发构建了一个"消极作为"行为心理机制的评价模型。

本章研究结果表明：①"消极作为"行为显著负向影响了员工的工作投入、服务绩效以及职业满意度；也就是说，在公共部门中，员工一旦表现出"消极作为"行为将直接使工作投入度减少、个人服务绩效下降以及对自己职业的满意度降低。②工作投入在"消极作为"行为影响服务绩效的过程中起到了中介作用。具体来说，"消极作为"行为的产生会通过影响个体的工作投入来进一步影响个体的服务绩效。③工作投入在"消极作为"行为影响职业满意度的过程中没有起到了中介作用。具体而言，"消极作为"行为能够直接影响个人工作投入的减少，同时还能直接影响个人对职业满意度的降低，但是调研结果表明，个体对自身职业满意度的高低并不一定受工作投入影响。这可能是因为"消极作为"行为的产生可能存在"主观"和"客观"等不同情况下的"不作为"，当工作人员由于客观原因表现出"消极作为"行为时，可能会因不得已、不能为或者不敢为而直接导致职业满意度降低，但是在这个过程中并不一定会因为工作投入的减少而对自身职业产生不满情绪。

同时，本书还具有一定的理论意义和实践意义：首先，本书的理论意义在于，对"消极作为"行为的作用结果通过定性和定量相结合的方法进行系统的探讨，从资料分析和访谈研究中获取相关信息，并根据其主要变量进行实证研究，构建了一个作用机制模型来进一步解释"消极作为"行为在公共部门中可能带来的影响后果，拓展了现有的一些对"消极作为"行为的认识和理解，突破了对"消极作为"行为在宏观上的解释，进一步从微观的视角进行了分析。其次，本书具有重要的实践意义。考虑到我国目前的伦理氛围的构建，"消极作为"行为的不断涌现带来的影响在我国组织文化情境中显得尤其重要。我国公共部门的责任缺失现象严重，当务之急应该是在有效治理的基础上，重点发挥"人治"的作用，从个体主观认知层面引导和激发员工的工作态度和责任行为。同时，在我国的国情下，应该倡导在构建伦理氛围过程中充分发挥公共部门人员的主动作为和有效作为，不仅应在实践过程中量力而为，树立榜样，更要在管理过程中强调树立道德行为准则，建立良好的组织氛围，这对组织的长远发展是非常有必要的。

9 研究结论与展望

　　"消极作为"问题是当前影响党群干群关系的重要因素。习近平总书记指出："办好中国的事情，关键在党，关键在人。""消极作为"行为的出现不是偶然的，它是封建社会和社会主义计划经济体制遗留下来的"老问题"。自2015年以来，关于"消极作为"的案例被频繁曝出，相关学术研究已然大量涌现，那么我们不禁会问："消极作为"到底是什么？是一种现象表征还是一种组织行为的内在体现？我们应该如何去界定它的内涵？针对这些疑问，在已有的研究中却没有一个清晰的界定。对"消极作为"行为的研究还停留在理论分析层面，尚没有学者把"消极作为"行为作为一种组织行为进行研究，对这一行为内在机制演变的研究更少。同时，对"消极作为"行为的内涵也很难把握准确。因此，探讨"消极作为"行为的内容和结构就显得格外重要。一方面有利于提炼和总结中国公共部门中"消极作为"行为的具体解释，另一方面有利于将"消极作为"行为作为一种具体行为来探讨。

　　首先，本书运用探索性研究对36名公共部门人员进行深度访谈，基于扎根理论对"消极作为"行为的具体内容结构进行理论构建，回答我国公共部门"消极作为"行为"是什么"。其次，探索"消极作为"行为的内容结构适配度，同时采用质性研究对当前的"消极作为"行为的影响因素进行探索性研究，为更好地解释"消极作为"行为的影响因素构建一个清晰的理论框架。再次，根据构建的理论框架进行深入调研，结合定量的研究方法进一步验证其影响因素理论框架的实际意义，从一个多层次视角回答影响"消极作为"行为的因素有哪些。从次，根据前期访谈和调研对"消极作为"行为的效应释放进行跨层次分析。最后，根据研究构思对"消极作为"行为的心理机制的相关问题进行文献查阅以及半结构化访谈，再结合其他相关理论、已有文献并通过逻辑推理分析，构建“消极作为”行为的心理机制理论模型。

9.1 研究结论

本书在“消极作为”现实情境和组织行为相关研究的基础上，综合借鉴和运用来自管理学、组织行为学、人力资源管理等领域的理论基础，结合我国各地区的实际案例和具体情况，通过理论和实践相结合的方式，进行理论分析和实证研究，进而得出以下主要的研究结论：

9.1.1 “消极作为”行为的维度结构

为了尽可能全面地收集数据，本书按照中部、东部、西部进行地区划分，选取上海市、江苏省、山东省、河南省、河北省、新疆维吾尔自治区，运用扎根理论得出了公共部门消极作为行为的三个维度，即态度型不作为、动机型不作为、心理认知型不作为。一方面，鉴于“消极作为”行为概念还没有研究构建维度，本书基于公共部门人员工作的性质，以工作人员工作心理、动机、态度为主线进行讨论；另一方面，基于本土化的工作情境进一步深入探讨了消极作为行为，“态度型不作为”“动机型不作为”“心理认知型不作为”均是依照扎根理论开发的新概念。在已有的文献中，一些学者只是从字面意思或现象本身来解读“消极作为”行为概念，不能有效反映当前公共部门人员的工作实际。而本书对“消极作为”的概念分别从“工作态度”“工作动机”和“心理认知”三个方面强调公共部门人员“不作为”的行为表现。因此，我国变革转型过程中出现的“消极作为”行为主要是指因态度不端、动机不纯、不想担当等主观原因导致的在履职过程中庸作为、慢作为、懒作为、不作为等消极的行为表现（张宗贺和刘帮成，2018）。进一步识别和构建了“消极作为”行为的内容维度假设模型。同时，本书开发的“消极作为”行为维度构成，在一定程度上发展并完善了时代背景下“消极作为”行为这一研究领域的相关理论，并为后续的实证研究提供了理论依据。

9.1.2 "消极作为"行为的测量量表

本书基于"消极作为"行为的前期研究运用扎根理论，设计了"消极作为"测量量表，并在学科专家评审的基础上对有关条目进行了修改和调整，因而，该量表在内容上较为全面、合理，在形式上较为简短、易于操作。另外，本书对来自公共部门的 423 位工作人员进行了问卷调查，主要包括对最终生成的"消极作为"行为问卷的条目分析、信度检验以及探索性因子分析。依据因子探索的原则，经过不断地检验和多次的重复探索，最后剩下 15 个条目，分别聚合在 3 个因子上。从探索性因子分析的结果来看，各个维度和因子系数均达到了测量学的标准和要求。这一分析为"消极作为"行为量表的信度提供了初步支持，同时也进一步验证了"消极作为"行为量表存在 3 个独特的因子这一论点。

本书运用不同的数据来源对该量表的信度和效度进行了检验。①在信度方面，发现无论是量表的整体信度还是量表内各个因子的信度都较好，如表 9-1 所示，这表明本书开发的"消极作为"量表是可靠的。②在效度方面，对量表的内容效度、构念效度（包括聚合效度和区分效度）、预测效度进行了验证（奚玉芹，2012），通过对假设模型和竞争模型的比较，检验了 5 个不同测量模型。检验结果表明，前面提出的三因子模型拟合效度较好，有效地代表了对数据的一个可行的解释。本书还通过检验各个条目在特定因子上的负荷强度，进一步使用了平均方差抽取量，以及通过检验各个维度之间的相关性，证实了本书开发的"消极作为"行为量表具有较好的聚合效度；然后，通过比较各潜变量的平均方差抽取值和该潜变量与其他潜变量之间相关系数平方的大小来检验"消极作为"行为量表的区分效度（奚玉芹，2012）。本书对"消极作为"行为三个因素的组合信度进行分析（三个因素组合信度值均大于 0.60）。进一步证实了"消极作为"行为量表具有较好的区分效度，其内在结构是较为理想的，为后续有关"消极作为"行为的研究奠定了基础。

表 9-1 "消极作为"行为量表信度系数汇总

指标	态度型不作为	动机型不作为	心理认知型不作为	量表信度	数据来源	样本量(N)
Cronbach's α	0.948	0.917	0.908	0.942	探索分析	425
	0.947	0.948	0.914	0.956	验证分析	424

9.1.3　来自不同层面的"消极作为"行为因素

根据扎根理论的思路和流程，本书构建了"消极作为"行为的影响因素模型，主要从制度因素、组织因素和个体因素三个层面进行解释和分析，共得到制度压力、繁文缛节、中庸思想、心理安全感、公共服务动机、责任感这 6 个主要范畴。围绕这 6 个主要范畴共产生了 6 个假设命题。通过进一步验证运用扎根理论得出影响"消极作为"行为的具体因素的影响过程。通过以上的分析，验证了提出的假设：①制度压力对"消极作为"行为产生显著的正向影响。现行的体制机制和制度保障体系存在一定的问题，会造成层级之间、部门之间的职责不明、权责不清，一系列制度的运行和实施会对公共部门人员的工作开展和心理认知产生不同程度的影响，从而导致制度压力对员工行为产生一定的影响。②繁文缛节和中庸思想对"消极作为"行为产生显著的正向影响。在制度运行过程中，规章制度繁杂、程序冗长、缺乏有效的规范体系，容易使公共部门人员在办事过程中投机取巧、推诿责任，进而造成"不作为"行为的出现；同时，公务人员长期受到组织生态的影响，做事态度保持中立，做事风格趋于求稳，直接导致公共部门人员缺乏一定的工作积极性，进而导致"消极作为"行为的产生。③心理安全感、公共服务动机和责任感对"消极作为"行为产生显著的负向影响。心理安全感越高的员工越愿意相信组织、承担责任，希望在工作上有所表现、有所作为，同时具有较强公共服务动机的公共部门人员在工作中也往往会表现出更高的责任感，愿意为组织做更多的贡献，激发更多的工作热情，因此心理安全感、公共服务动机和责任感较强的员工更倾向于在自己的工作上有所作为，进而有效规避一些"不作为"行为。

9.1.4　跨层研究"消极作为"行为的效应释放

本书构建了"消极作为"行为的效应释放模型，主要从组织层面和个体层面进行解释和分析，共得到团队创新绩效、工作投入、服务绩效及职业满意度这 4 个作用变量。围绕这 4 个作用变量共产生了 4 个假设命题。然后，通过采用领导—员工问卷进行数据收集，对样本二的数据进行信度和效度的检验、相关性分析和多元线性回归分析。通过以上的分析，对前文提出的理论假设进行了验证，结果表明：①"消极作为"行为对团队创新绩效并没有产生显著的负向影响。因此，H7 没有得到支持。②"消极作为"行为对服务绩效产生显著的负向影响。③"消极作为"行为对工作投入产生显著的负向影响。④"消极作为"行为对职业满意度产生显著的负向影响。由此，H8、H9 和 H10 均得到了进一步验证。本书的研究结果表明，"消极作为"行为的作用效果具有一定的复杂性，涉及个体工作状态和职业倾向等多方面的问题。

9.1.5 "消极作为"行为效应释放的心理机制

首先，本书通过对不同部门不同领导的访谈来初步了解"消极作为"行为带来的影响以及产生的作用机制；其次，根据相关问题对一些服务对象进行了相应的了解；最后，结合现实情况从公共部门的主观感知的角度构建了一个"消极作为"行为的影响机制并进行了探索。本书发现"消极作为"行为能够影响员工的工作投入、服务绩效以及职业满意度。另外，本书进一步对公共部门人员的"工作投入"这个关键构思进行了测量，进而发现工作投入在这个过程中可能是影响员工服务绩效以及职业满意度的一个关键中介变量。同时，从整体视角出发构建了一个"消极作为"行为影响机制的评价模型。研究结果主要包括：①"消极作为"行为显著负向影响了员工的工作投入、服务绩效以及职业满意度。也就是说，在公共部门中，员工一旦表现出"消极作为"行为就会直接使工作投入度减少、个人服务绩效下降以及对自己职业的满意度降低。②工作投入在"消极作为"行为影响服务绩效的过程中起到了中介作用。具体来说，"消极作为"行为的产生会通过影响个体的工作投入来进一步影响个体的服务绩效。③工作投入在"消极作为"行为影响职业满意度的过程中没有起到中介作用。

综上所述，本书的研究假设和研究结果如表 9-2 所示。

表 9-2　本书的研究假设及研究结果

序号	研究假设	研究结果
1	制度压力对"消极作为"行为产生正向影响	支持
2	中庸思想对"消极作为"行为产生正面影响	支持
3	繁文缛节对"消极作为"行为产生正面影响	支持
4	心理安全感对"消极作为"行为产生负向影响	支持
5	公共服务动机对"消极作为"行为产生负向影响	支持

续表

序号	研究假设	研究结果
6	责任感对"消极作为"行为产生负向影响	支持
7	"消极作为"行为对团队创新绩效产生负向影响	不支持
8	"消极作为"行为对员工的服务绩效产生负向影响	支持
9	"消极作为"行为对员工的工作投入产生负向影响	支持
10	"消极作为"行为对员工的职业满意度产生负向影响	支持
11	工作投入在"消极作为"行为与员工服务绩效关系中起到中介作用	支持
12	工作投入在"消极作为"行为与职业满意度关系中起到中介作用	不支持

9.2　研究贡献

9.2.1　理论贡献

首先，从行为管理学的角度，为我国公共部门中的"消极作为"行为提供了一个新的解释视角。行为管理学是当前一个新的研究领域，"消极作为"行为又是我国当前研究和探讨的热点问题。因此，对"消极作为"行为的探讨是很有现实意义的。对于我国当前的"消极作为"行为虽然有很多观点，但从行为管理学的视角，对"消极作为"行为内容结构进行系统的研究几乎没有。本书的核心问题正是要从组织行为学视角解释"消极作为"行为是什么，并根据实际情况在第一手调研资料及文献阅读、整理和分析的基础上，对"消极作为"行为内涵进行了界定，本书针对中国公共部门中的工作人员进行了相关的访谈，并根据访谈结果结合已有研究中对"消极作为"的概念化定义和操作化定义，提出了"消极作为"的维度结构假设。然后基于不同的样本，采用问卷调查收集的实证数据，对"消极作为"行为的维度结构进行了探索性因子分析和验证性因子分析。另外，本书基于实证数据从不同层面提供了一个分析影响"消极作为"行为的因素的理论模型，同时从个体感知层面对"消极作为"行为的作用机制提出了研究假设，并对其假设检验结果进行了分析和讨论。

其次，本书主要运用多源纵向的研究设计，采用跨地区、跨部门的方法，使不同地区的调研由跨时间节点来完成。调研过程和数据收集能够更加准确地验证"消极作为"行为的内容结构以及进一步验证本书提出的影响因素的理论假设框架。

最后，根据访谈研究以及实证数据的验证得出了强有力的证据说明，"消极作为"行为不仅在内容结构上体现在多个维度，而且每个维度都体现了"不为"的不同方面，这些结果为理解"消极作为"是什么提供了全面的参考；进一步证实了影响"消极作为"的因素是多方面的，不仅体现在政治环境、体制机制方面，更体现在个人的心理认知和责任意识方面；同时还证实了"消极作为"行为对员工的工作投入、服务绩效以及职业满意度均存在显著的影响。而关于对"消极作为"行为的实证研究有限，研究内容通常都是根据理论经验阐述"消极作为"行为的影响因素以及治理路径，结论相对单一，缺乏进一步的验证。因此，本书在已有研究的基础上，为探讨"消极作为"行为的影响提供了更多的实证，并为阐明"消极作为"对员工的团队创新绩效、工作投入、服务绩效以及职业满意度的作用路径提供了初步的证据。

9.2.2 实践贡献

"消极作为"是当前中国公共部门需要治理的重要问题。在新时代全面深化改革背景下，"消极作为"行为不管是对政治、经济、文化，还是对社会力量的培育都产生着不同程度的影响，成为我们急需重视的现实问题。本书正是运用探索性研究对36名公共部门人员进行深度访谈，基于扎根理论对"消极作为"行为的具体内容结构进行理论构建，回答了中国公共部门"消极作为"行为"是什么"，提出了"消极作为"行为内涵主要从"态度型不作为""动机型有作为""心理认知型不作为"三个维度进行解释。这三个维度不仅反映了中国全面深化改革背景下公共部门人员的实际行为表现，还能为未来培育和激发员工的工作积极性和有效作为提供一定的参考价值。在此基础上，本书还开发了三维度的"消极作为"行为量表，具有的较好的信度和效度，并可以作为组织对员工的工作行为的自查、监督以及绩效管理过程中的有用工具。

9.3 研究局限及展望

9.3.1 研究局限

本书虽然做了大量的访谈和分析，也得出了一些结论，做出了一些贡献，但仍存在一定的不足。

首先，本书在访谈过程中对数据的收集可能仍存在一定的不足。由于公共部门中很多部门的工作特殊性，导致在访谈过程中难以做到完全客观，同时也会因为个人的主观认知和偏见会或多或少影响到访问资料的质量和访问的效果。另外，由于“消极作为”行为是一种负面行为表现，因此更多的人在访谈过程中避免谈及自己，更多的是谈及身边遇到的人或事，缺乏一些主观的自我评价。

其次，本书作为对“消极作为”行为结构的探索性研究，在量表开发过程中，对于测量“消极作为”行为的条目的生成都是按照传统的量表开发程序，如条目应尽量简洁、易于理解等。但是为了避免问卷调查参与者难以理解，题目描述不仅要尽量简洁化，还要进一步避免敏感词汇的出现，所有条目均从各维度整体协调性和便于理解等方面进行编写，而并未根据各维度可能涉及的具体内容进一步展开。调查问卷在开发过程中虽然严格按照程序从各方面进行考虑，但对于相关问题可能存在一定程度的主观色彩和价值倾向，与原本想要测量的内容可能会存在一定的偏差。

再次，在整个数据收集过程中，对于问卷的填写均采用员工的自我感知回答方式，这可能会存在同源误差的影响。同样，由于研究问题的敏感性，整个调研过程以及取样方法，都受到一定的资源限制，因此本书只能采用便利性取样而并非随机抽样的方法来获取数据，但便利性取样可能会影响研究结论的有效推广。

从次，本书虽然是一个先进行深度访谈然后在一定样本量的基础上进行了实证研究，但由于该样本的选择具有针对性和便利性，因此该样本的代表性需要进一步完善。虽然本书对“消极作为”行为的影响因素从不同层面进行了研究，但是没有更进一步考虑影响"消极作为"行为的边界条件和过程机制，以及不同层面因素之间的交叉影响的情况是否存在。

最后，关于"消极作为"行为心理机制的研究，本书只考虑了对个体层面的影响因素，并没有找到对组织层面的影响因素。同时对服务绩效也只从个体层面进行测量，并没有考虑来自服务对象的评价。因此，虽然本书结果表明，"消极作为"行为对员工个体的服务绩效和职业满意度均存在负向影响，但不能进一步说明服务满意度如果让服务对象进行评价是否也具有显著的负向影响。因此，后续笔者会对"消极作为"行为的心理机制进行跨层次的研究。本书收集的样本量虽然有 485 个，但是由于"消极作为"行为变量的特殊性和敏感性，以及调研单位性质的特殊性，所获取的信息可能在真实性方面存在一定的不足。另外，验证的结果也显示，本书提出的理论模型并没有完全得到验证，这在很大程度上说明"消极作为"行为的作用机制还存在其他更加优越的模型或者存在影响其后果的边界条件，因此建议在寻找更加可靠的理论基础的同时，对本书提出的模型进行进一步修正和完善。

9.3.2 研究展望

基于本书的研究结果和不足，未来研究可从以下几个方面考虑：

第一，由于公共部门中很多部门的工作特殊性，在访谈过程中难以做到完全客观，同时也会因为个人的主观认知和偏见而影响访问的效果。对此在今后的研究中，可以考虑对"消极作为"行为进行情境实验的研究，有效贴合实际，更真实地反映"消极作为"行为在工作中的情景，进一步减少个人的主观规避，进而提高行为体现的真实性和资料的有效性。在访谈的基础上应该全面考虑"消极作为"行为给不同层面带来的影响，进一步通过对服务对象的满意度调查来解释"消极作为"行为的影响结果。

第二，本书在调研阶段均采用便利性取样，且被试在回答问题时主要基于一些案例以及身边的所见所感来展开探讨，有时还会刻意回避自己单位以及自身的行为，这些都会影响研究结论的推广。因此，今后可以考虑采用随机抽样，同时扩大抽样量。

第三，在行为管理学研究领域，对"消极作为"行为的研究还处于理论探讨阶段，有些学者在没有"消极作为"行为测量量表的情况下，也利用替代变量的方式对其进行了一些量化研究，但毕竟替代变量不是其变量本身，后续可以针对相关性问题，运用本书开发的量表对其学术观点进一步探索和验证。因此，在对"消极作为"行为的后续研究中可以进行更多、更深入的理论和实证探讨。例如，对"消极作为"行为的影响因素的研究，可以在本书研究结论的基础上进一步探索不同层面因素之间的交叉影响的情况，以及进一步考虑影响"消极作为"行为的过程机制和边界条件。

第四，关于"消极作为"行为心理机制的研究，本书只考虑了对个体层面的影响，然而其对组织层面的影响同样重要。在后续的研究中，可以进一步考虑"消极作为"行为对组织层面带来的影响。同时，对满意度的测量也只是从个体感知的层面来进行，接下来可以进一步考虑以来自服务对象的评价对其服务满意度进行全面的考察。应从多视角考虑"消极作为"行为作用机制的模型构建，以及是否存在边界条件的影响，寻找更加可靠的理论基础，从而对理论模型进一步修正和完善。

第五，本书仅从员工的个人角度对"消极作为"行为的维度结构进行了探讨，而"消极作为"行为不仅涉及员工这个主体，也涉及组织这个主体。因此，在后续的研究中，可以从员工和组织两个角度对"消极作为"行为的完整结构进行探讨。

参考文献

[1] 巴比. 社会研究方法[M]. 邱泽奇，译. 北京：华夏出版社，2009.

[2] 白洁，郑新夷，赵微. 公务员组织公民行为与性别领导刻板印象、领导风格的关系[J]. 中国健康心理学杂志，2012，20(1)：32-35.

[3] 柏兴华，张晓春，苏兰若. ICU 护士职业满意度的现状调查及相关因素分析[J]. 中国医药导报，2012，9(15)：148-150.

[4] 宾厄姆. 美国地方政府的管理：实践中的公共行政[M]. 九州，译. 北京：北京大学出版社，1997.

[5] 曹志新. 消极作为与价值观塑造[J]. 国际公关，2016(3)：12.

[6] 陈敬平. 基于成就激励理论视角下的"消极作为"现象治理探究[J]. 法制与经济(上半月)，2015(10)：171-173.

[7] 陈维政，张燕. 中国企业员工工作场所偏离行为探讨[J]. 现代管理科学，2009(1)：9-11.

[8] 陈晓萍，徐淑英，樊景立. 组织与管理研究的实证方法[M]. 2 版. 北京：北京大学出版社，2012.

[9] 陈晓萍，徐淑英，樊景立. 组织与管理研究的实证方法[M]. 北京：北京大学出版社，2008.

[10] 陈银飞，茅宁. 高校青年教师压力、职业满意度与生活满意感的实证研究[J]. 统计与信息论坛，2010，25(8)：107-112.

[11] 陈振明，林亚清. 政府部门领导关系型行为影响下属变革型组织公民行为吗?：公共服务动机的中介作用和组织支持感的调节作用[J]. 公共管理学报，2016(1)：11-20.

［12］闻巍．企业员工的主动性人格与心理资本对组织公民行为和反生产行为的影响［D］．哈尔滨：哈尔滨师范大学，2010.

［13］楚迤斐．“消极作为”：内涵逻辑、类型表现和治理路径［J］．河南师范大学学报（哲学社会科学版），2016（6）：59-63.

［14］丁少华．“消极作为”者角色定位［J］．中国青年社会科学，2017（2）：25-30.

［15］杜福洲．“管理效应悖论”的消极影响及解决之道：官员不作为的另类解释［J］．党政干部学刊，2010（12）：48-50.

［16］杜旌，冉曼曼，曹平．中庸价值取向对员工变革行为的情景依存作用［J］．心理学报，2014，46（1）：113-124.

［17］段文婷，江光荣．计划行为理论述评［J］．心理科学进展，2008，16（2）：315-320.

［18］范伟达，范冰．社会调查研究方法［M］．上海：复旦大学出版社，2012.

［19］弗雷德里克·泰勒．科学管理原理［J］．当代电力文化，2014（4）：115-115.

［20］弗雷德里克·泰勒．科学管理原理［M］．北京：机械工业出版社，2013.

［21］傅广宛，郭建文．消极作为：界定、根源及治理［J］．北京电子科技学院学报，2015，23（3）：9-14.

［22］甘守义．“严以用权”：解决“消极作为”的举措［J］．党政干部学刊，2016（2）：39-43.

［23］耿昕，石金涛，张文勤．变革型领导、团队创新气氛对组织公民行为的影响：跨层次研究模型［J］．科学学与科学技术管理，2009，30（9）：184-187.

［24］龚晨．政治生态视域下“消极作为”治理机制创新［J］．中国领导科学，2017（1）：15-17.

［25］韩杨，罗瑾琏，钟竞．双元领导对团队创新绩效影响研究：基于惯例视角［J］．管理科学，2016，29（1）：70-85.

［26］何丽君．“为官不为”的现状、缘由及其治理对策［J］．红旗文稿，2015（13）：43-44.

［27］何轩．为何员工知而不言：员工沉默行为的本土化实证研究［J］．南开管理评论，2010，13（3）：45-52.

［28］侯杰泰，温忠麟，成子娟，等．结构方程模型及其应用［M］.北京：教育科学出版社，2004.

［29］胡重明．激发政府组织中的组织公民行为：试论和谐社会下改进政府组织绩效的对策［J］.行政论坛，2010，17(6)：34-38.

［30］金太军，张健荣．"为官不为"现象剖析及其规制［J］.学习与探索，2016(3)：42-47.

［31］柯丽菲，黄远仪，柯利佳．工作团队凝聚力、组织公民行为与工作绩效关系：基于服务性企业的实证研究［J］.财经问题研究，2007(2)：93-96.

［32］李克强．政府工作报告［R］.2015.

［33］李伟，梅继霞．内在动机与员工绩效：基于工作投入的中介效应［J］.管理评论，2013，25(8)：160-167.

［34］李小华，董军．公务员公共服务动机对个体绩效的影响研究［J］.公共行政评论，2012，5(1)：105-121.

［35］李旭培，石密，王桢，等．上级反馈和工作反馈对公务员组织公民行为的影响［J］.人类工效学，2012，18(1)：1-8.

［36］林民望．西方繁文缛节研究前沿挈领：基于SSCI代表性文献的研究［J］.公共行政评论，2015(5)：154-172.

［37］刘帮成．领导干部既要做显功也要做潜功［J］.人民论坛，2018，599(18)：46-47.

［38］刘朝，张欢，王赛君，等．领导风格、情绪劳动与组织公民行为的关系研究：基于服务型企业的调查数据［J］.中国软科学，2014(3)：119-134.

［39］刘得格，时勘，王永，等．挑战—阻碍性压力源与工作投入和满意度的关系［J］.管理科学，2011，24(2)：1-9.

［40］刘伟国，施俊琦．主动性人格对员工工作投入与利他行为的影响研究：团队自主性的跨水平调节作用［J］.暨南学报(哲学社会科学版)，2015(11)：54-63.

［41］刘文彬，林志扬，汪亚明，等．员工反生产行为的组织控制策略：基于社会认知视角的实证研究［J］.中国软科学，2015(3)：158-171.

［42］刘小禹，孙健敏，周禹．变革/交易型领导对团队创新绩效的权变影响机制：团队情绪氛围的调节作用［J］.管理学报，2011(6)：857-864.

［43］刘重春．"为官不为"成因及治理：基于等报酬原理［J］.中国行政管理，2016(1)：14.

［44］刘子平．干部消极作为问题的生成机理与治理机制［J］.中州学刊，2017(1)：18.

［45］陆聂海．从官僚制行政到民主治理：公共管理范式转换的再思考［J］.行政论坛，2016，23(2)：17-18.

［46］路琳，梁学玲．知识共享在人际互动与创新之间的中介作用研究［J］.南开管理评论，2009，12(1)：118-123.

［47］罗伯特·F.德维利斯．量表编制：理论与应用［M］.2 版．魏勇刚，席仲恩，龙长权，译．重庆：重庆大学出版社，2010.

［48］马斯洛．动机与人格［M］.许金声，译．北京：中国人民大学出版社，2013.

［49］苗仁涛，孙健敏，刘军．基于工作态度的组织支持感与组织公平对组织公民行为的影响研究［J］.商业经济与管理，2012(9)：29-40.

［50］彭贺．知识员工反生产行为的结构与测量［J］.管理科学，2011(5)：12-22.

［51］皮特里．动机心理学［M］.郭本禹，译．西安：陕西师范大学出版社，2005.

［52］邱皓政．结构方程模型的原理与应用［M］.北京：中国轻工业出版社，2009.

［53］人民论坛问卷调查中心．部分官员不作为真实原因调查分析报告［J］.人民论坛，2015(15)：14-17.

［54］任措，温忠麟，陈启山，等．工作团队领导心理资本对成员组织公民行为的影响机制：多层次模型［J］.心理学报，2013，45(1)：82-93.

［55］任中平，陈娅．反腐高压下官员"不作为"困局的破解思路［J］.领导科学，2014(19)：8-10.

［56］沈奇，泰松．组织合法性视角下制度压力对企业社会绩效的影响机制研究［D］.杭州：浙江大学，2010.

［57］施健红，季超．公共部门中的组织公民行为形成机制及对策：基于动机理论的视角［J］.天水行政学院学报，2013(6)：67-70.

［58］石学峰.从严治党实践中的领导干部"消极作为"问题及其规制［J］.云南社会科学，2015（2）：18-22.

［59］时立文.SPSS 21.0统计分析从入门到精通［M］.北京：清华大学出版社，2012.

［60］孙涛.国外治理消极作为的对策［J］.政府法制，2017（2）：50-51.

［61］唐晓阳，代凯.加强政府绩效管理治理"消极作为"的举措探讨［J］.领导科学，2017（2）：26-29.

［62］唐亚林."官员不作为"现象透析［N］.北京日报，2015-05-11.

［63］万小艳.领导干部"为官不为"的心理因素分析［J］.中国行政管理，2016（1）：9.

［64］王琛.工作场所反生产行为的形成机制及管理策略研究［J］.生产力研究，2009，205（20）：154-156.

［65］王丹，段鑫星.独立行政人格构建：破解"消极作为"的新视角［J］.领导科学，2016（23）：22-24.

［66］王胜男.主动性人格与工作投入：组织支持感的调节作用［J］.中国健康心理学杂志，2015（4）：524-527.

［67］王永跃，伦理型领导如何影响员工创造力：心理安全感与关系的作用［J］.心理科学，2015（5）：420-425.

［68］王桢.团队内工作投入的人际传导机制［J］.心理科学进展，2012，20（10）：17-23.

［69］王重鸣.心理学研究方法［M］.北京：人民教育出版社，2001.

［70］温忠麟，侯杰泰，马什赫伯特.结构方程模型检验：拟合指数与卡方准则［J］.心理学报，2004，36（2）：186-194.

［71］文宏，张书.官员"为官不为"影响因素的实证分析：基于A省垂直系统的数据［J］.中国行政管理，2017（10）：102-109.

［72］吴江.治理"为官不为"需要绩效管理法治化［J］.中国人力资源社会保障，2017（1）：59.

［73］吴明隆.结构方程模型：AMOS的操作与应用［M］.2版.重庆：重庆大学出版社，2010.

［74］吴明隆.问卷统计分析实务：SPSS操作与应用［M］.重庆：重庆大学

出版社，2010.

　[75] 吴志明，武欣. 变革型领导、组织公民行为与心理授权关系研究[J].
管理科学学报，2007，10(5)：40-47.

　[76] 武欣，吴志明，张德. 组织公民行为研究的新视角[J]. 心理科学进
展，2005，13(2)：211-218.

　[77] 奚玉芹. 人—组织匹配感知：维度结构及对员工工作绩效的作用机
制[D]. 上海：东华大学，2012.

　[78] 徐建中，朱晓亚. 员工前摄行为对团队创新绩效的影响：一个跨层次
研究[J]. 科学学与科学技术管理，2016，37(11)：104-116.

　[79] 杨陈，唐明凤. 团队断裂带对团队创新绩效的作用机理研究[J]. 科学
学与科学技术管理，2017(3)：172-180.

　[80] 杨何济. 职业生涯规划[M]. 北京：中国劳动社会保障出版社，2005.

　[81] 杨曼. "为官不为"的现象、成因及治理对策[J]. 前进，2016(5)：34-36.

　[82] 叶超. 公务员组织公民行为维度与基于工作压力源的影响机理研
究[D]. 上海：华东师范大学，2016.

　[83] 叶敏. 稳定焦虑、风险转嫁与官员不作为：基于"社会中的国家"视角
的透视[J]. 浙江社会科学，2015(4)：33-37.

　[84] 尹世久，吴林海，杜丽丽. 基于计划行为理论的消费者网上购物意愿
研究[J]. 消费经济，2008，24(4)：35-39.

　[85] 袁方. 社会研究方法教程[M]. 北京：北京大学出版社，1997.

　[86] 曾维和，杨星炜. 宽软结构、裂变式扩散与不为型腐败的整体性治理[J].
中国行政管理，2017(2)：61-67.

　[87] 张建人，周子凤，王洪晶，等. 新入职公务员组织公民行为特点及与
工作满意度的关系[J]. 中国临床心理学杂志，2017，25(3)：524-526.

　[88] 张建卫，刘玉新. 企业反生产行为：概念与结构解析[J]. 心理科学进
展，2009，17(5)：1059-1066.

　[89] 张燕，陈维政. 工作压力与员工工作场所偏离行为的关系探讨[J]. 华
东经济管理，2008，22(10)：90-94.

　[90] 张永军，廖建桥，赵君. 国外反生产行为研究回顾与展望[J]. 管理评
论，2012，24(7)：84-92.

［91］张宗贺，刘帮成．服务型领导、互动公平与员工责任行为创新研究：权力距离的调节作用［J］．科技进步与对策，2018，35（20）：150-156.

［92］张宗贺，刘帮成．人—职位匹配、组织支持感与个体绩效关系研究：以公共部门员工为实证对象［J］．管理学刊，2017，30（6）：42-51.

［93］张宗贺，刘帮成．深化改革背景下"消极作为"的内涵逻辑及机理分析［J］．管理学刊，2018，31（3）：36-46.

［94］赵红丹．临时团队内黏滞知识转移的动力因素：基于扎根理论的探索性研究［J］．科学学研究，2014，32（11）：1705-1712.

［95］中共中央文献研究室．习近平总书记重要讲话文章选编［M］．北京：中央文献出版社，2016.

［96］周厚余，田学红．公务员的主动性对工作满意度、组织公民行为的作用［J］．心理科学，2010（2）：482-484.

［97］朱春奎．"庸政""懒政""误政"的十二大成因［J］．检察风云，2016（3）:11.

［98］宗文，李晏墅，陈涛．组织支持与组织公民行为的机理研究［J］．中国工业经济，2010（7）：104-114.

［99］邹庆国．从不作为政治到责任政治：净化党内政治生态的一个分析维度［J］．江汉论坛，2017（2）：39-44.

［100］Abdullah，Akhtar N，Saeed M M．Job Satisfaction through Organizational Citizenship Behaviour：A Case of University Teachers of Pakistan［J］．Alberta Journal of Educational Research，2016，62（2）：134-149.

［101］Ajzen I，Fishbein M．Understanding Attitudes and Predicting Social Behavior［M］．Englewood Cliffs，NJ：Prentice-Hall，1980.

［102］Ajzen I．Attitudes，Personality，and Behavior［M］．Chicago：Dorsey Press，1988.

［103］Ajzen I．From Intentions to Actions：A Theory of Planned Behavior［M］// Kuhl J，Beckmann J．Action－Control：From Cognition to Behavior．Heidelberg：Springer，1985.

［104］Ajzen I．Perceived Behavioral Control，Self－Efficacy，Locus of Control and the Theory of Planned Behavior［J］．Journal of Applied Social Psychology，2002，32（4）：665-668.

[105] Ajzen I. The Theory of Planned Behavior[J]. Organizational Behavior & Human Decision Processes, 1991, 50(2): 179-211.

[106] Akgün A E, Keskin H, Byrne J. Organizational Emotional Capability, Product and Process Innovation, and Firm Performance: An Empirical Analysis[J]. Eng. Technol. Manage, 2009(26): 103-130.

[107] Alderfer C P. Existence, Relatedness, and Growth: Human Needs in Organizational Settings[J]. Contemporary Sociology, 1974, 3(6): 511.

[108] Allen D G, Weeks K P, Moffitt K R. Turnover Intentions and Voluntary Turnover: The Moderating Roles of Self - Monitoring, Locus of Control, Proactive Personality, and Risk Aversion [J]. Journal of Applied Psychology, 2005 (90): 980-990.

[109] Ameer I, Halinen A. Moving beyond Ethical Decision - Making: A Practice-Based View to Study Unethical Sales Behavior [J]. Journal of Personal Selling & Sale Management, 2019(2): 1-20.

[110] Anderson J C, Narus J A. A Model of the Distributor's Perspective of Distributor-Manufacturer Working Relationships [J]. Journal of Marketing, 1984 (48): 62-74.

[111] Andrews A O. The New Institutionalism in Organizational Analysis[M]. Chicago: University of Chicago Press, 1991.

[112] Anindita G, Amrita. Positive Psychology Progress in India: Accomplishments and Pathways Ahead[J]. Psychological Studies, 2016, 61(3):1-13.

[113] Appelbaum S H, Deguire K J, Lay M. The Relationship of Ethical Climate to Deviant Workplace Behavior [J]. Corporate Governance, 2005, 5 (4): 43-56.

[114] Armitage C J, Conner M. Efficacy of the Theory of Planned Behavior: A Meta-Analytic Review[J]. British Journal of Social Psychology, 2001(40): 471-799.

[115] Arthur W, Bell S T, Villado A J, et al. The Sue of Person-Organization Fit in Employment Decision-Making: An Assessment of Its Criterion-Related Validity[J]. Journal of Applied Psychology, 2006(91): 786-801.

[116] Asghari P, Poor A H. Relationship between Self - Management Skills and

Organizational Citizenship Behavior of Principals in Girls' High School of Urmia [J]. Procedia Social and Behavioral Sciences, 2012, 31(6): 852-855.

[117] Ashforth B E, Humphrey R H. Emotion in the Workplace: A Reappraisal[J]. Human Relations, 1995(48): 97-125.

[118] Atkinson J W. An Introduction to Motivation [M]. Princeton, NJ: Van Nostrand, 1964.

[119] Back K W. Exchange and Power in Social Life [M]. New York: John Wiley & Sons, 1965.

[120] Bagozzi R P, Yi Y. On the Evaluation of Structural Equation Models [J]. Journal of the Academy of Marketing Science, 1988, 16(1): 74-94.

[121] Bagozzi R P. Evaluating Structural Equation Models with Unobservable Variables and Measurement Error: A Comment [J]. Journal of Marketing Research, 1981, 18(3): 375-381.

[122] Baker A B, Schaufeli W B. Positive Organizational Behavior: Engeged Employees in Flourishing Organizations [J]. Journal of Organizational Behavior, 2008(29):147-154.

[123] Bakker A B, Bal P M, Weekly Work Engagement and Performance: A Study among Starting Teachers [J]. Journal of Occupational and Organizational Psychology, 2010(83): 189-206.

[124] Bandura A. Self-Efficacy Mechanism in Human Agency [J]. American Psychologist, 1982(37): 122-147.

[125] Barclay L J, Skarlicki D P, Pugh S D. Exploring the Role of Emotions in Injustice Perceptions and Retaliation [J]. Journal of Applied Psychology, 2005, 90(4): 629-643.

[126] Barnard C I, Gardner B B. The Functions of the Executive [J]. Journal of Political Economy, 1938, 11(2): 456.

[127] Barrick M R, Stewart G L, Piotrowski M. Personality and Job Performance: Test of the Mediating Effects of Motivation among Sales Representatives [J]. Journal of Applied Psychology, 2002(87): 43-51.

[128] Batt R. Managing Customer Services: Human Resource Practices, Quit

Rates, and Sales Growth [J]. Academy of Management Journal, 2002, 45 (3): 587-597.

[129] Baucus. Pressure, Opportunity, and Predisposition: A Multivariate Model of Corporate Illegality[J]. Journal of Management, 1994, 20(4): 699-721.

[130] Belle N, Cantarelli P. What Causes Unethical Behavior? A Meta-Analysis to Set an Agenda for Public Administration Research[J]. Public Administration Review, 2017, 77(3): 327-339.

[131] Bennett R J, Robinson S L. Development of a Measure of Workplace Deviance[J]. Journal of Applied Psychology, 2000, 85(3): 349-360.

[132] Bennett R J, Robinson S L. The Past, Present and Future of Workplace Deviance Research[M]//Greenberg J (Ed.). Organizational Behavior: The State of the Science, 2nd ed., Erlbaum, Mahwah, NJ, 2003.

[133] Bies R J. Organizational Citizenship Behavior: The Good Soldier Syndrome[J]. Academy of Management Review, 1989, 14(2): 294-297.

[134] Blau P M. Exchange and Power in Social Life [M]. New York: John Wiley, 1964.

[135] Bledow R, Schmitt A, Frese M, et al. The Affective Shift Model of Work Engagement[J]. Journal of Applied Psychology, 2011, 96(6): 1246-1257.

[136] Bolino M C, Hsiung H, Harvey J, et al. "Well, I'm Tired of Tryin!" Organizational Citizenship Behaviorand Citizenship Fatigue [J]. Journal of Applied Psychology, 2015, 100(1): 56-74.

[137] Bolino M C, Turnley W H, Bloodgood J M. Citizenship Behavior and the Creation of Social Capital in Organizations [J]. Academy of Management Review, 2002, 27(4): 505-522.

[138] Bolino M C, Turnley W H. The Personal Costs of Citizenship Behavior: The Relationship between Individual Initiative and Role Overload, Job Stress, and Work-Family Conflict[J]. Journal of Applied Psychology, 2005, 90(4): 740-748.

[139] Bolino M C, Varela J A, Bande B, et al. The Impact of Impression-Management Tactics on Supervisor Ratings of Organizational Citizenship Behavior[J]. Journal of Organizational Behavior, 2006, 27(3): 281-297.

［140］Bolino M C. Citizenship and Impression Management: Good Soldiers or Good Actors? ［J］. Academy of Management Review, 1999, 24(1): 82-98.

［141］Bommer W H, Rubin R S, Baldwin T T. Setting the Stage for Effective Leadership: Antecedents of Transformational Leadership Behavior ［J］. Leadership Quarterly, 2004(15): 195-210.

［142］Bordia P, Restubog S L D, Tang R L. When Employees Strike Back: Investigating Mediating Mechanisms between Psychological Contract Breach and Workplace Deviance［J］. Journal of Applied Psychology, 2008, 93(5): 1104.

［143］Borman W C, Motowidlo S J. Expanding the Criterion Domain to Include Elements of Contextual Performance ［M］//Schmitt N, Borman W C. Personnel selection in organizations. San Francisco: Jossey-Bass, 1993.

［144］Bowen D E, Siehl C, Schneider B. A Framework for Analyzing Customer Service Orientations in Manufacturing ［J］. Academy of Management Review, 1989, 14(1): 75-95.

［145］Bowen D E, Waldman D A. Customer-Driven Employee Performance［M］// Ilgen D A, Pulakos E D. The Changing Nature of Performance. San Francisco: Jossey-Bass, 1999.

［146］Bowling N A, Beehr T A. Workplace Harassment from the Victim's Perspective: A Theoretical Model and Meta-Analysis［J］. The Journal of Applied Psychology, 2006, 91(5): 998-1012.

［147］Bozeman B. A Theory of Government "Red Tape" ［J］. Journal of Public Administration Research and Theory, 1993, 3(3): 273-303.

［148］Bozeman B. Multidimensional Red Tape: A Theory Coda［J］. International Public Management Journal, 2012, 15(3): 245-265.

［149］Brass D J, Butterfield K D, Skaggs B C. Relationships and Unethical Behavior: A Social Network Perspective. The Academy of Management Review, 1998, 23(1): 14-31.

［150］Breukelen W V, Van der Vlist R, Steensma H. Voluntary Employee Turnover: Combining Variables from the "traditional" Turnover Literature with the Theory of Planned Behavior［J］. Journal of Organizational Behavior, 2004, 25(7):

893-914.

[151] Brief A P, Buttram R T, Dukerick J M. Collective Corruption in the Corporate World: Toward a Process Model. [M]//Turner M. E. (Ed.). Groups at Work: Theory and Research. Applied Social Research. Mahwah, NJ: Lawrence Erlbaum Associates, Inc, 2001.

[152] Brown S P, Leigh T W. A New Look at Psycho Logical Climate and Its Relationship to Job Involvement, Effort, and Performance [J]. Journal of Applied Psychology, 1996(81): 358-368.

[153] Bruscaglioni L. Theorizing in Grounded Theory and Creative Abduction[J]. Quality & Quantity, 2016, 50(5): 1-16.

[154] Bssing Arndt, Désirée, Michaela G, et al. Influence of Spirituality on Cool Down Reactions, Work Engagement, and Life Satisfaction in Anthroposophic Health Care Professionals [J]. Evidence - Based Complementary and Alternative Medicine, 2015(9): 1-9.

[155] Buchanan B. Building Organizational Commitment: Thee Socialization of Managers in Work Organizations [J]. Administrative Science Quarterly, 1974 (19): 533-546.

[156] Burnes B, Pope R. Negative Behaviours in the Workplace[J]. International Journal of Public Sector Management, 2007, 20(4): 285-303.

[157] Cable D M, Edwards J R. Complementary and Supplementary Fit: A Theoretical and Empirical Integration[J]. Journal of Applied Psychology, 2004(89): 822-834.

[158] Cable D M, Judge T A. Person-Organization Fit, Job Choice Decisions, and Organizational Entry[J]. Organizational Behavior and Human Decision Processes, 1996(67): 294-311.

[159] Calantone R J, Cavusgil S T, Zhao Y. Learning Orientation, Firm Innovation Capability, and Firm Performance [J]. Industrial Marketing Management, 2002, 31 (6): 515-524.

[160] Campbell D T, Fiske D W. Convergent and Discriminant Validation by the Multitrait-Multimethod Matrix[J]. Psychological Bulletin, 1959, 56(2): 81-105.

［161］Campbell D T. Social Attitudes and Other Acquired Behavioral Dispositions ［M］//Koch S. Psychology: A Study of a Science. New York: McGraw-Hill, 1963.

［162］Campbell J P, McCloy R A, Oppler S H, et al. A Theory of Performance［M］// Schmitt N, Borman W C. Personnel Selection in Organizations. San Francisco: Jossey-Bass, 1993.

［163］Campbell J P. Modeling the Performance Prediction Problem in Industrial and Organizational Psychology ［J］//Dunnette M D, Hough L M. Handbook of Industrial and Organizational Psychology, 1990(1): 687-732.

［164］Caplan R D. Person - Environment Fit Theory and Organizations: Commensurate Dimensions, Time Perspectives, and Mechanisms ［J］. Journal of Vocational Behavior, 1987(31): 248-267.

［165］Caruana A. Anomie and Deviant Behavior in Marketing: Some Preliminary Evidence［J］. Journal of Managerial Psychology, 2001, 16(5): 322-338.

［166］Caruso E M, Gino F. Blind Ethics: Closing One's Eyes Polarizes Moral Judgment and Discourages Dishonest Behavior ［J］. Cognition, 2011, 118 (2): 280-285.

［167］Chen C, Rainey H G. Personnel Formalization and the Enhancement of Teamwork: A Public - Private Comparison ［J］. Public Management Review, 2014, 16(7): 945-968.

［168］Chen G M, Chung J. The Impact of Confucianism on Organizational Communication［J］. Communication Quarterly, 1994(42): 93-105.

［169］Chen P Y, Spector P E. Relationships of Work Stressors with Aggression, Withdrawal, Theft and Substance Use: An Exploratory Study ［J］. Journal of Occupational and Organizational Psychology, 1992, 65(3): 177-184.

［170］Chen S L, Shih C T, Chi N W. A Multilevel Job Demands-Resources Model of Work Engagement: Antecedents, Consequences, and Boundary Conditions［J］. Human Performance, 2018(7): 1-23.

［171］Cheung T S, Chan H M, Chan K M, et al. On Zhongyong Rationality: The Confucian Doctrine of the Mean as a Missing Link between Instru-mental Rationality and Communicative Rationality［J］. Asian Journal of Social Science, 2003(31): 107-127.

［172］Chin W W, Todd P A. On the Use, Usefulness, and Ease of Use of Structural Equation Modeling in Mis Research: A Note of Caution［J］. Mis Quarterly, 1995, 19(2): 237-246.

［173］Chugh D, Bazerman M, Banaji M. Bounded Ethicality as a Psychological Barrier to Recognizing Conflicts of Interest［M］//Moore D, Cain D, Loewenstein G, et al. Conflict of interest: Challenges and Solutions in Business, Law, Medicine, and Public Policy. New York: Cambridge University Press, 2005.

［174］Coccia C. Avoiding a Toxic Organization［J］. Nursing Management, 1998, 29(5): 32-44.

［175］Creyer E H. The Influence of Firm Behavior on Purchase Intention: Do Consumers Really Care about Business Ethics?［J］. Journal of Consumer Marketing, 1997.

［176］Cummings T G, Cooper C L. Cybernetic Framework for Studying Occupational Stress［J］. Human Relations, 1979(32): 395-418.

［177］Davis R S. Union Commitment and Stakeholder Red Tape: How Union Values Shape Perceptions of Organizational Rules［J］. Review of Public Personnel Administration, 2013, 33(4): 365-383.

［178］De Cuyper N, De Witte H. Job Insecurity in Temporary Versus Permanent Workers: Associations with Attitudes, Well-being, and Behaviour［J］. Work & Stress, 2007, 21(1): 65-84.

［179］De Hart D L, Pandey S K. Red Tape and Public Employees: Does Perceived Rule Dysfunction Alienate Managers?［J］. Journal of Public Administration Research and Theory, 2005(1): 133-148.

［180］Deci E L, Ryan R M. The"What"and"Why"of Goal Pursuits: Human Needs and the Self-Determination of Behavior［J］. Psychological Inquiry, 2001(11): 227-268.

［181］Deci E L, Ryan R M. A Motivational Approach to Self: Integration in Personality［M］// Dienstbeir R. Nebraska Symposium on Motivation: Vol. 38, Perspectives on Motivation. Lincoln: University of Nebraska Press, 1991.

［182］Deci E L, Ryan R M. Intrinsic Motivation and Self-Determination in

Human Behavior[M]. New York: Plenum, 1985a.

[183] Deci E L, Ryan R M. The "What" and "Why" of Goal Pursuits: Human Needs and the Self-Determination of Behavior[J]. Psychological Inquiry, 2000, 11(4): 227-268.

[184] Deci E L. Effects of Externally Mediated Rewards on Intrinsic Motivation[J]. Journal of Personality and Social Psychology, 1971(18): 105-115.

[185] Dixson N. Common Knowledge: How Company Thrive By Sharing What[M]. Boston: Harvard Business School Press, 2000.

[186] Djurkovic N, McCormack D, Casimir G. The Physical and Psychological Effects of Workplace Bullying and Their Relationship to Intention to Leave: A Test of the Psychosomatic and Disability Hypotheses[J]. International Journal of Organization Theory and Behavior, 2004, 7(4): 469-497.

[187] Duanxu W, Kai Z, Xianwei Z, et al. How employee's Unethical Behavior Leads to Coworker-Initiated Aggression: The Perspective of Deontic Justice[J]. Acta Psychologica Sinica, 2017, 49(6): 829.

[188] Dworkin G. The Theory and Practice of Autonomy [M]. New York: Cambridge University Press, 1988.

[189] Dwyer F R, Schurr P H. On. Developing Buyer-Seller Relationships[J]. Journal of Marketing, 1987, 51(4): 11-27.

[190] Dyne L V, Dienesch G R M. Organizational Citizenship Behavior: Construct Redefinition, Measurement, and Validation[J]. The Academy of Management Journal, 1994, 37(4): 765-802.

[191] E M, Chang C, Miloslavic S A, et al. Relationships of Role Stressors with Organizational Citizenship Behavior: A Meta-Analysis[J]. Journal of Applied Psychology, 2011, 96(3): 619-632

[192] Edwards J R. A Cybernetic Theory of Stress, Coping, and Well-Being in Organizations[J]. Academy of Management Review, 1992(17): 238-274.

[193] Eissa G M. The Dysfunctional Citizen: An Application of the Conservation of Resources Theory to Investigate the Dark Side of Organizational[D]. Oklahoma State University Doctoral Dissertationm, 2012.

[194] Elliott M A, Armitage C J, Baughan C J. Drivers' Compliance with Speed Limits: An Application of the Theory of Planned Behavior[J]. Journal of Applied Psychology, 2003(88): 964-972.

[195] Emerson R M. Social Exchange Theory[J]. Annual Review of Sociology, 1976(2): 335-362.

[196] Emerson R M. Social Exchange Theory [M]// Social Psychology: Sociological Perspectives, Edited by Rosenberg M, Turner R H. New York: Basic Books, 1981.

[197] Erdil O, Bra M. The Effects of Envy on Job Engagement and Turnover Intention[J]. Procedia-Social and Behavioral Sciences, 2014(150): 447-454.

[198] Farh J L, Zhong C B, Organ D W. Organizational Citizenship Behavior in the People's Republic of China[J]. Organization Science, 2004, 15(2): 241-253.

[199] Federal government. One in Eight Feds Have Witnessed Workplace Violence in Past Two Years [J]. Federal Government Publication, Baltimore, MD, 2012.

[200] Feeney M K. Organizational Red Tape: A Measurement Experiment[J]. Journal of Public Administration Research and Theory, 2012, 22(3): 427-444.

[201] Firth R. Themes in Economic Anthropology[M]. London: Tavistock,1967.

[202] Fishbein M, Ajzen I. Attitudes toward Objects as Predictors of Single and Multiple Behavioral Criteria[J]. Psychological Review, 1974(81): 59-74.

[203] Fishbein M, Ajzen I. Belief, Attitude, Intention, and Behavior: An Introduction to Theory and Research[M]. Reading, MA: Addison-Wesley, 1975.

[204] Fleishman E A. A Relationship between Incentive Motivation and Ability Level in Psychomotor Performance[J]. Journal of Experimental Psychology, 1958(56): 78-81.

[205] Fox S, Spector P E, Miles D. Counterproductive Work Behavior(CWB) in Response to Job Stressors and Organizational Justice: Some Mediator and Moderator Tests for Autonomy and Emotions[J]. Journal of Vocational Behavior, 2001, 59(3): 291-309.

[206] French J R, Kahn R L. A Programmatic Approach to Studying the

Industrial Environment and Mental Health[J]. Journal of Social Issues, 1962(18):
1-48.

[207] Frese M, Kring W, Soose A, et al. Personal Initiative at Work:
Differences between East and West Germany[J]. Academy of Management Journal,
1996(39): 37-63.

[208] Gagné M, Deci E L. Self-Determination Theory and Work Motivation[J].
Journal of Organizational Behavior, 2005(26): 331-362.

[209] Galperin B L. Determinants of Deviance in the Workplace: An Empirical
Examination in Canada and Mexico, Unpublished Doctoral Dissertation[J]. Concordia
University, 2002.

[210] Galperin B L. Exploring the Nomological Network of Workplace
Deviance: Developing and Validating a Measure of Constructive Deviance[J]. Journal
of Applied Social Psychology, 2012, 42(12): 2988-3025.

[211] George J M, Brief A P. Feeling Good - Doing Good: A Conceptual
Analysis of the Mood at Work - Organizational Spontaneity Relationship[J].
Psychological Bulletin, 1992, 112(2): 310-329.

[212] Germeys L, De Gieter S. Clarifying the Dynamic Interrelation of Conflicts
between the Work and Home Domain and Counterproductive Work Behaviour[J].
European Journal of Work and Organizational Psychology, 2017, 26(3): 457-467.

[213] Giacolone R A, Greenberg J. Antisocial Behavior in Organizations[M].
Thousand Oaks, CA: Sage Publishing, 1997.

[214] Giauque D, Ritz A, Varone F, et al. Resigned But Satisfied: The
Negative Impact of Public Service Motivation and Red Tape on Work Satisfaction[J].
Public Administration, 2012, 90(1): 175-193.

[215] Goffman E. Encounters: Two Studies in the Sociology of Interaction[R].
Indianapolis: Bobbs-Merrill, 1961.

[216] Gouldner A W. The Norm of Reciprocity: A Preliminary Statement[J].
American Sociological Review, 1960(25): 161-178.

[217] Grabam J W. Principled Organizational Dissent: A Theoretical Essay[J].
Research in organizational behavior, 1986(8): 1-52.

[218] Graf L, Wendler W S, Stumpf-Wollersheim, et al. Wanting More, Getting Less: Gaming Performance Measurement as a Form of Deviant Workplace Behavior[J]. Journal of Business Ethics, 2017(4): 1-21.

[219] Granovetter, Mark. Economic Action and Social Structure: The Problem of Embeddedness[J]. American Journal of Sociology, 1985, 91(3): 481-510.

[220] Greenberg J. Organizational justice: Yesterday, Today, and Tomorrow[J]. Journal of Management, 1990, 16(2): 399-432.

[221] Greenhaus J H, Parasuraman S, Wormley W M. Effects of Race on Organizational Experiences, Job Performance Evaluations, and Career Outcomes[J]. Academy of Management Journal, 1990, 33(1): 64-86.

[222] Gubler J R, Herrick S, Price R A, et al. Violence, Aggression, and Ethics: The Link between Exposure to Human Violence and Unethical Behavior[J]. Journal of Business Ethics, 2018.

[223] Gupta A. Red Tape Bureaucracy, Structural Violence, and Poverty in India[J]. Progress in Development Studies, 2013, 36(2): 374-375.

[224] Hakanen J J, Perhoniemi L, Toppinen-Tammer S. Positive Gain Spirals at Work: From Job Resources to Work Engagement, Personal Initiative and Work-Unit Innovativeness[J]. Journal of Vocational Behavior, 2008, 73(1): 78-91.

[225] Hakanen J J, Schaufeli W B. Do Burnout and Work Engagement Predict Depressive Symptoms and Life Satisfaction? A Three-Wave Seven-Year Prospective Study[J]. Journal of Affective Disorders, 2012, 141(2/3): 415-424.

[226] Hall D T, Benjamin S. Correlates of Organizational Identification as A Function of Career Pattern and Organizational Type [J]. Administrative Science Quarterly, 1972(17): 340-350.

[227] Hamann D J, Foster N T. An Exploration of Job Demands, Job Control, Stress, and Attitudes in Public, Nonprofit, and For-Profit Employees[J]. Review of Public Personnel Administration, 2014, 34(4): 332-355.

[228] Hansson A S, Eva Vingård, Arnetz B B, et al. Organizational Change, Health, and Sick Leave among Health Care Employees: A Longitudinal Study Measuring Stress Markers, Individual, and Work Site Factors[J]. Work and Stress,

2008, 22(1): 69-80.

[229] Harrison R V. Person-Environment Fit and Job Stress[M]//Cooper C L, Payne R. Stress at Work. New York: Wiley, 1978.

[230] Henle C A. Predicting Workplace Deviance from the Interaction between Organizational Justice and Personality[J]. Journal of Managerial Issues, 2005, 17(2): 247.

[231] Hoel H, Cooper C L. Destructive Conflict and Bullying at Work, UMIST, Manchester[EB/OL]. (2006-03-22), www. bullyinginstitute. org/res/umist.

[232] Hoel H, Einarsen S, Cooper C L. Organisational Effects of Bullying[M]// Enarsen S, Hoel H, Zopf D, et al. Bullying and Emotional Abuse in the Workplace: International Perspectives in Research and Practice, London: Taylor & Francis,2003.

[233] Hogh A, Hoel H, Caneiro I G. Bullying and Employee Turnover among Health-Care Workers: A Three-Wave Prospective Study [J]. Journal of Nursing Management, 2011(19): 742-751.

[234] Hollinger R C, Clark J P. Deterrence in the Workplace: Perceived Certainty, Perceived Severity, and Employee Theft[J]. Social Forces, 1984, 62(2): 398-418.

[235] Homans G C. Social Behavior as Exchange[J]. American Journal of Sociology, 1958(62): 597-606.

[236] Homans G C. Social Behavior: Its Elementary Forms[M]. 2nd ed. New York: Harcourt, Brace & World, 1961.

[237] Hui C, Lam S S K, Law K K S. Instrumental Values of Organizational Citizenship Behavior for Promotion: A Field Quasi-Experiment[J]. Journal of Applied Psychology, 2000, 85(5): 822-828.

[238] Hull C L. Principles of behavior[M]. New York: Appleton-Century-Crofts, 1943.

[239] Hunter E M, Penney L M. The Waiter Spit in My Soup! Antecedents of Customer-Directed Counterproductive Work Behavior [J]. Human Performance, 2014, 27(3): 262-281.

[240] Iii T F G. Handbook of Qualitative Research [J]. Bms Bulletin of Sociological Methodology, 1994, 16(44): 113-114.

[241] Industrial Relations Service. Bullying Trauma May Open New Legal Challenges[J]. IRS Employment Review, 2002(10): 42-53.

[242] Jehad M, Farzana Q H, Mohmad A A. Job Satisfaction and Organizational Citizenship Behavior: An Empirical Study at Higher Learning Institutions[J]. Asian Academy of Management Journal, 2011, 16(2): 149-165.

[243] Jeon Y H. The Application of Grounded Theory and Symbolic Interactionism[J]. Scandinavian Journal of Caring Sciences, 2010, 18(3): 249-256.

[244] Ji L J, Nisbett R E, Peng K P. Culture, Control, and Perception of Relationships in the Environment[J]. Journal of Personality and Social Psychology, 2000(78): 943-955.

[245] John B, Cullen K P. Martin Hoegl. Cross National Differences in Managers' Willingness to Justify Ethically Suspect Behaviors[J]. The Academy of Management Journal, 2004, 47(3): 411-421.

[246] Jones G E, Kavanagh M J. An Experimental Examination of the Effects of Individual and Situational Factors on Unethical Behavioral Intentions in the Workplace[J]. Journal of Business Ethics, 1996, 15(5): 511-523.

[247] Jones G R, Wright P M. An Economic Approach to Conceptualizing the Utility of Human Resource Management Practices[J]. Research in Personnel and Human Resources Management, 1992(10): 271-299.

[248] Jones T M. Ethical Decision Making by Individuals in Organizations: An Issue-Contingent Model[J]. Academy of Management Review, 1991, 16(2): 366-395.

[249] Jung C, Kim S E. Structure and Perceived Performance in Public Organizations[J]. Public Management Review, 2014, 16(5): 620-642.

[250] Kahn W A. Psychological Conditions of Personal Engagement and Disengagement at Work[J]. The Academy of Management Journal, 1990, 33(4): 692-724.

[251] Kahn W A. To Be Fully There: Psychological Presence at Work[J]. Human Relations, 1992(45): 321-349.

[252] Kaiser H F. An Index of Factorial Simplicity[J]. Psychometrika, 1974,

39(1): 31-36.

[253] Kaplan B H B. Self-Attitudes and Deviant Behavior[J]. American Journal of Psychiatry, 1975.

[254] Kasa M, Hassan Z. The Role of Flow between Burnout and Organizational Citizenship Behavior(OCB)among Hotel Employees in Malaysia[J]. Procedia-Social and Behavioral Sciences, 2015(211): 199-206.

[255] Katz D, Kahn R L. The Social Psychology of Organizations [J]. Administrative Science Quarterly, 1978, 10(1): 118.

[256] Kaufmann G. What to Measure? A New Look at the Concept of Creativity[J]. Scandinavian Journal of Educational Research, 2003(47): 235-251.

[257] Kaufmann W, Feeney M K. Beyond the Rules: The Effect of Outcome Favourability on Red Tape Perceptions[J]. Public Administration, 2014, 92(1): 178-191.

[258] Kaufmann W, Feeney M K. Objective Formalization, Perceived Formalization and Perceived Red Tape: Sorting Out Concepts[J]. Public Management Review, 2012, 14(8): 1195-1214.

[259] Kelley H, Thibaut J W. Interpersonal Relations: A Theory of Interdependence[M]. New York: Wiley, 1978.

[260] Khan A K, Samina Q. The Mediating Role of Discrete Emotions in the Relationship between Injustice and Counterproductive Work Behaviors: A Study in Pakistan[J]. Journal of Business and Psychology, 2013, 28(1): 49-61.

[261] Kim S. Does Person-Organization Fit Matter in the Public Sector?: Testing the Mediating Effect of Person-Organization Fit in the Relationship between Public Service Motivation and Work Attitudes [J]. Public Administration Review, 2012(72): 830-840.

[262] Kim S. Public Service Motivation and Organizational Citizenship Behavior in Korea[J]. International Journal of Manpower, 2006, 27(8): 722-740.

[263] Kim, Hougyun. Transformational Leadership and Organisational Citizenship Behavior in the Public Sector in South Korea: The Mediating Role of Affective Commitment[J]. Local Government Studies, 2012, 38(6): 867-892.

［264］Kline R B. Principles and Practice of Structural Equation Modeling［J］. Journal of the American Statistical Association, 2011, 101(12).

［265］Knapp S, Vandecreek L D, Handelsman M M. Professional Decisions and Behaviors on the Ethical Rim［J］. Professional Psychology Research & Practice, 2013, 44(6): 378-383.

［266］Kobler A, Shoss M K, Jundt D K. Doing Bad to Feel Better? An Investigation of Within-and Between-person Perceptions of Counterproductive Work Behavior as a Coping Tactic［J］. Journal of Business Ethics, 2016, 137 (3): 571-587.

［267］Koeske G F, Koeske R D. A Preliminary Test of A Stress - Strain - Outcome Model for Reconceptualizing the Burnout Phenomenon［J］. Journal of Social Service Research, 1993, 17(3/4): 107-135.

［268］Konovsky M A, Pugh S D. Citizenship Behavior and Social Exchange［J］. Academy of Management Journal, 1994(37): 656-669.

［269］Kristof A L. Person - Organization Fit: An Integrative Review of its Conceptualizations, Measurement, and Implications ［J］. Personnel Psychology, 1996(49): 1-49.

［270］Kristof-Brown A L, Zimmerman R D, Johnson E C. Consequences of Individuals' Fit at Work: A Meta-Analysis of Person-Job, Person-Organization, Person-Group, and Person-Supervisor Fit［J］. Personnel Psychology, 2005 (58): 281-342.

［271］Law K S, Wong C, Mobley W H. Toward a Taxonomy of Multidimensional Constructs［J］. Academy of Management Review, 1998(23): 741-755.

［272］Lee C. Job Insecurity: Coping with Jobs at Risk. Jean hartley, Dan Jacobson, Bert Klandermans and Tinka Van Vuuren with Leonard Greenhalgh and Robert Sutton, Sage Publications［J］. Journal of Organizational Behavior, 1993, 14(4): 395-396.

［273］Lee Y T. What is Missing in Chinese-Western Dialectical Reasoning? ［J］. American Psychologist, 2000(55): 1065-1067.

［274］Lewicki R J, Poland T, Minton J W, et al. Dishonesty as Deviance: A Typology of Workplace Dishonesty and Contributing Factors［J］. Journal of Personality and Social Psychology, 1997(6): 53-86.

[275] Lewin K, Dembo T, Festinger L, et al. Level of Aspiration[M]//Hunt (Ed.). Personality and the Behavior Disorder (Vol.1). New York: Ronald Press, 1944.

[276] Li M, Feeney M K. Adoption of Electronic Technologies in Local U. S. Governments: Distinguishing Between E-Services and Communication Technologies[J]. American Review of Public Administration, 2014, 44(1): 75-91.

[277] Li Y, Taylor T R B. Modeling the Impact of Design Rework on Transportation Infrastructure Construction Project Performance [J]. Journal of Construction Engineering and Management, 2014, 140(9): 401-404.

[278] Liao H, Chuang A. A Multilevel Investigation of Factors Influencing Employee Service Performance and Customer Outcomes[J]. Academy of Management Journal, 2004, 47(1): 41-58.

[279] Lin C P, Ding C G. Modeling Information Ethics: The Joint Moderating Role of Locus of Control and Job Insecurity [J]. Journal of Business Ethics, 2003 (48): 335-346.

[280] Litze H, Bentler P M. Cutoff Criteria for Fit Indexes in Covariance Structure Analysis: Conventional Criteria Versus New Alternatives [J]. Structural Equation Modeling, 1999, 6(1): 1-55.

[281] Liu B C, Tang T L P. Does the Love of Money Moderate the Relationship between Public Service Motivation and Job Satisfaction? The Case of Chinese Professionals in the Public Sector[J]. Public Administration Review, 2011, 71(5): 718-727.

[282] Liu B C, Zhang X Y, Du L Y, et al. Validating the Construct of Public Service Motivation in for-Profit Organizations: A Preliminary Study [J]. Public Management Review, 2015, 17(2): 262-287.

[283] Liu B, Hui C, Hu J, et al. How Well Can Public Service Motivation Connect with Occupational Intention? [J]. International Review of Administrative Sciences, 2011(77): 191-211.

[284] Liu B, Tang N, Zhu X. Public Service Motivation and Job Satisfaction in China: An Investigation of Generalisability and Instrumentality [J]. International

Journal of Manpower, 2008, 29(11): 684-699.

[285] Liu B, Yang K, Yu W. Work-Related Stressors and Health-Related Outcomes in Public Service: Examining the Role of Public Service Motivation[J]. The American Review of Public Administration, 2015(45): 653-673.

[286] Locke E A. Interaction of Ability and Motivation in Performance[J]. Perceptual and Motor Skills, 1965(21): 719-725.

[287] Malinowski B. Argonauts of the Western Pacific: An Account of Native Enter Prise and Adventure in the Archipelagoes of Melansian New Guinea[M]. London: Routledge, 1922.

[288] Mangione J W, Quinn R P. Job Satisfaction, Counter-Productive Behavior and Drug Use at Work[J]. Journal of Applied Psychology, 1975(60): 114-116.

[289] March J G, Simon H A. Organizations[M]. New York: Wiley, 1958.

[290] Martelli P F, Stimmler M K, Roberts K H. Organizational behavior[J]. Encyclopedia of Human Behavior, 2012, 7(1): 757-764.

[291] Mathieu J E, Zajac D M. A Review and Meta-Analysis of the Antecedents, Correlates, and Consequences of Organizational Commitment[J]. Psychological Bulletin, 1990(108): 171-194.

[292] Mauss M. The Gift: Forms and Functions of Exchange in Archaic Societies[M]. New York: The Norton Library, 1925.

[293] May D R, Gilson R L, Harter L M. The Psychological Conditions of Meaningfulness, Safety and Availability and the Engagement of the Human Spirit at Work[J]. Journal of Occupational & Organizational Psychology, 2011, 77(1): 11-37.

[294] McGrath J E. Stress and Behavior in Organizations[M]//Dunnette M. Handbook of Industrial and Organizational Psychology. Chicago: Rand McNally, 1976.

[295] Mead N, Baumeister R F, Gino F, et al. Too Tired to Tell the Truth: Self-Control Resource Depletion and Dishonesty[J]. Journal of Experimental Social Psychology, 2009, 45(3): 594-597.

[296] Molm L D, Cook K S. Social Exchange and Exchange Networks[M]//

Cook K S, Fine G A, House J S (Eds.) . Sociological Perspectives on Social Psychology. Needham Heights: Allyn and Bacon, 1995.

[297] Moon M J, Bretschneide S. Does the Perception of Red Tape Constrain IT Innovativeness in Organizations? Unexpected Results from a Simultaneous Equation Model and Implications[J]. Journal of Public Administration Research and Theory, 2002, 12(2): 273-292.

[298] Moorman R H, Relationship between Organizational Justice and Organizational Citizenship Behaviors: Do Fairness Perceptions Influence Employee Citizenship[J]. Journal of Applied Psychology, 1991, 76(6): 845.

[299] Morgan R M, Hunt S D. The Commitment-Trust Theory of Relationship Marketing[J]. Journal of Marketing, 1994(58): 20-38.

[300] Morrison E W, Phelps C C. Taking Charge at Work: Extrarole Efforts to Initiate Workplace Change [J]. The Academy of Management Journal, 1999, 42(4): 403-419.

[301] Morrison E W. Role Definitions and Organizational Citizenship Behavior: The Importance of the Employee's Perspective[J]. Academy of Management Journal, 1994, 37(6): 1543-1567.

[302] Moynihan D P, Pandey S K. The Role of Organizations in Fostering Public Service Motivation[J]. Public Administration Review, 2007, 67(1): 40-53.

[303] Nembhard I M, Edmondson A C. Making It Safe: The Effects of Leader Inclusiveness and Professional Status on Psychological Safety and Improvement Efforts in Health Care Teams [J]. Journal of Organizational Behavior, 2006, 27 (7): 941-966.

[304] Neuman J H, Baron R A. Workplace Violence and Workplace Aggression: Evidence Concerning Specific Forms, Potential Causes, and Preferred Targets[J]. Journal of Management, 1998, 24(3): 391-419.

[305] North D C. Institutions, Institutional Change and Economic Performance[M]. Cambridge: Cambridge University Press, Economic Inquiry, 1990.

[306] O'Reilly C A, Chatman J, Caldwell D F. People and Organizational Culture: A Profile Comparison Approach to Assessing Person-Organization Fit[J].

Academy of Management Journal, 1991(34): 487-516.

[307] Paletz S B F, Peng K. Problem Finding and Contradiction: Examining the Relationship between Naive Dialectical Thinking, Ethnicity, and Creativity [J]. Creativity Research Journal, 2009(21): 139-151.

[308] Pandey S K, Coursey D H, Moynihan D P. Organizational Effectiveness and Bureaucratic Red Tape[J]. Public Performance & Management Review, 2007, 30(3): 398-425.

[309] Pandey S K, Kingsley G A. Examining Red Tape in Public and Private Organizations: Alternative Explanations from a Social Psychological Model[J]. Journal of Public Administration Research and Theory, 2000, 10(4): 779-799.

[310] Pandey S K, Scott P G. Red Tape: A Review and Assessment of Concepts and Measures[J]. Journal of Public Administration Research and Theory, 2002, 12(4): 553-580.

[311] Pandey S K, Welch E W. Beyond Stereotypes: A Multistage Model of Managerial Perceptions of Red Tape [J]. Administration & Society, 2005, 37(5): 542-575.

[312] Pandey S K. Managerial Perceptions of Red Tape [D]. Unpublished Doctoral Dissertation, Syracuse, NY: Syracuse University, 1995.

[313] Pandit N R. The Creation of Theory: A Recent Application of the Grounded Theory Method[J]. Qualitative Report, 1996(4): 1-15.

[314] Pearson C M, Andersson L M, Porath C L. Assessing and Attacking Workplace Incivility[J]. Organizational Dynamics, 2000, 29(2): 123-37.

[315] Peng K, Nisbett R E. Culture, Dialectics, and Reasoning about Contradiction[J]. American Psychologist, 1999(54): 741-754.

[316] Peng M W, Sun S L, Pinkham B, et al. The Institution—Based View as a Third Leg for a Strategy Tripod[J]. Academy of Management Perspectives, 2009, 23(3):63-81.

[317] Perry J L, Recascino L W. The Motivational Bases of Public Servic[J]. Public Administration Review, 1990, 50(3): 367-373.

[318] Peterson D K. Deviant Workplace Behavior and the Organization's Ethical

Climate[J]. Journal of Business and Psychology, 2002, 17(1): 47-61.

[319] Podsakoff P M, Mackenzie S B. Organizational Citizenship Behaviors and Sales Unit Effectiveness[J]. Journal of Marketing Research, 1994, 31(3): 351-363.

[320] Podsakoff P M, Ahearne M, Mackenzie S B. Organizational Citizenship Behavior and the Quantity and Quality of Work Group Performance[J]. Journal of Applied Psychology, 1997, 82(2): 262-270.

[321] Podsakoff P M, Mackenzie S B, Paine J B, et al. Organizational Citizenship Behaviors: A Critical Review of the Theoretical and Empirical Literature and Suggestions for Future Research[J]. Journal of management, 2000, 26(3): 513-563.

[322] Porter L W, Steers R M, Mowday R T, et al., Organizational Commitment, Job Satisfaction and Turnover among Psychiatric Technicians[J]. Journal of Applied Psychology, 1974, 59(5): 603-609.

[323] Quine L. Workplace Bullying in Nurses[J]. Journal of Health Psychology, 2001(6): 73-84.

[324] Raines-Eudy, Ruth. Using Structural Equation Modeling to Test for Differential Reliability and Validity: An Empirical Demonstration[J]. Structural Equation Modeling: A Multidisciplinary Journal, 2000, 7(1): 124-141.

[325] Rayner J, Williams L H M. Organizational Citizenship Behavior and the Public Service Ethos: Whither the Organization? [J]. Journal of Business Ethics, 2012, 106(2): 117-130.

[326] Rich B L, Lepine J A, Crawford E R. Job Engagement: Antecedents and Effects on Job Performance [J]. Academy of Management Journal, 2010, 53(3): 617-635.

[327] Robinson S L, Bennett R J. A Typology of Deviant Workplace Behaviors: A Multidimensional Scaling Study[J]. The Academy of Management Journal, 1995, 38(2): 555-572.

[328] Robinson S L, Bennett R J. Development of a Measure of Workplace Deviance[J]. Journal of Applied Psychology, 2000, 85(3): 349-360.

[329] Rosen C C, Chang C H, Djurdjevic E, et al. Occupational Stressors and

Job Performance: An Updated Review and Recommendations [J]. Research in Occupational Stress and Well Being, 2010(8): 1-60.

[330] Rothbard N P. Enriching or Depleting? The Dynamics of Engagement in Work and Family Roles[J]. Administrative Science Quarterly, 2001(46): 655-684.

[331] Rubin R S, Dierdorff E C, Bachrach D G. Boundaries of citizenship behavior: Curvilinearity and Context in the Citizenship and Task performance relationship[J]. Personnel Psychology, 2013, 66(2): 377-406.

[332] Rushton J P, Brainerd C J, Pressley M. Behavioral Development and Construct Validity: The Principle of Aggregation[J]. Psychological Bulletin, 1983, 94(1): 18-38.

[333] Ryan J J. Moral Reasoning as a Determinant of Organizational Citizenship Behaviors: A Study in the Public Accounting Profession [J]. Journal of Business Ethics, 2001, 33(3): 233-244.

[334] Ryan R M, Deci E L. Self-Determination Theory and the Facilitation of Intrinsic Motivation, Social Development, and Well-being[J]. American Psychologist, 2000(55): 68-78.

[335] Sackett P R. The Structure of Counterproductive Work Behaviors: Dimensionality and Relationships with Facets of Job Performance [J]. International Journal of Selection & Assessment, 2010, 10(1/2): 5-11.

[336] Saks A M. Antecedents and Consequences of Employee Engagement[J]. Journal of Managerial Psychology, 2006, 21(7): 600-619.

[337] Salamon S D, Deutsch Y. Ocb as A Handicap: An Evolutionary Psychological Perspective [J]. Journal of Organizational Behavior, 2006, 27(2): 185-199.

[338] Samsonova-Taddei A, Siddiqui J. Regulation and the Promotion of Audit Ethics: Analysis of the Content of the EU's Policy[J]. Journal of Business Ethics, 2016, 139(1): 183-195.

[339] Schaufeli W B, Bakker A B, Salanova M. The Measurement of Work Engagement with a Short Questionnaire[J]. Educational and Psychological Measurement, 2006(4): 701-716.

[340] Schaufeli W B, Bakker A B. Job Demands, Job resources, and Their Relationship with Burnout and Engagement: A Multi-Sample Study[J]. Journal of Organizational Behavior, 2004, 25(3): 293-315.

[341] Schaufeli W B, Salanova M, Vicente González - romá, etal. The Measurement of Engagement and Burnout: A Two Sample Confirmatory Factor Analytic Approach[J]. Journal of Happiness Studies, 2002, 3(1): 71-92.

[342] Schaufeli W B. The Measurement of Work Engagement with a Short Questionnaire: A Cross-National Study[J]. Educational and Psychological Measurement, 2006, 66(4): 701-716.

[343] Schweitzer M, Gibson D. Fairness, Feelings, and Ethical Decision Making: Consequences of Violating Community Standards of Fairness[J]. Journal of Business Ethics, 2008(77): 287-301.

[344] Schweitzer M, Ordonez L, Douma B. The Role of Goal Setting in Motivating Unethical Behavior [J]. Academy of Management Journal, 2004 (47): 422-432.

[345] Scott P G, Pandey S K. Red Tape and Public Service Motivation: Findings from a National Survey of Managers in State Health and Human Services Agencies[J]. Review of Public Personnel Administration, 2005, 25(2): 155-180.

[346] Seibert S E, Crant J M, Kraimer M L. Proactive personality and career success[J]. Journal of Applied Psychology, 1999, 84(3): 416-427.

[347] Seott W R. Institutions and Organizattons [M]. CA: Sage, Thousand Oaks, 1995.

[348] Shah S K, Corley K G. Building Better Theory by Bridging the Quantitative Qualitative Divide[J]. Journal of Management Studies, 2006, 43(8): 15.

[349] Shannon C. An Empirical Examination of the Causal Reasoning Perspective of Counterproductive Work Behavior[R]. Dissertations & Theses-Gradworks, 2015.

[350] Shuck B, Reio T G. Employee Engagement and Well - Being: A Moderation Model and Implications for Practice [J]. Journal of Leadership & Organizational Studies, 2014(21): 43.

[351] Smith C A, Organ D W, Near J P. Organizational Citizenship Behavior: Its

Nature and Antecedents[J]. Journal of Applied Psychology, 1983, 68(4): 653-663.

[352] Somech A, Khotaba S. An Integrative Model for Understanding Team Organizational Citizenship Behavior[J]. Journal of Educational Administration, 2017, 55(6): 671-685.

[353] Spector P E, O'Connell B J. The Contribution of Personality Traits, Negative Affectivity, Locus of Control and Type a to the Subsequent Reports of Job Stressors and Job Strains[J]. Journal of Occupational and Organizational Psychology, 1994, 67(1): 1-12.

[354] Spencer-Rodgers J, Peng K, Wang L, et al. Dia-Lectical Self-Esteem and East-West Differences in Psychological Well-Being[J]. Personality and Social Psychology Bulletin, 2004(30): 1416-1432.

[355] Strauss A, Corbin J. Grounded Theory Methodology: An Overview[R]. Handbook of Qualitative Research Thousand Oaks Sage Publications, 1994.

[356] Strauss A, Corbin J. Grounded Theory Methodology[R]// Denzin N K, Lincoln. Handbook of Qualitative Research, 1994.

[357] Suddaby R. From the Editors: What Grounded Theory is Not[J]. Academy of Management Journal, 2006, 49(4): 633-642.

[358] Sullivan B N, Haunschild P, Page K. Organizations Non Gratae? The Impact of Unethical Corporate Acts on Interorganizational Networks[J]. Organization Science, 2007, 18(1): 55-70.

[359] Tai K, Narayanan J, McAllister D J. Envy as Pain: Rethinking the Nature of Envy and Its Implictions for Employees and Organizations[J]. Academy of Management Review, 2012, 37(1): 107-129.

[360] Tan J. Grounded Theory in Practice: Issues and Discussion for New Qualitative Researchers[J]. Journal of Documentation, 2010, 66(1): 93-112.

[361] Tang L P, Ibrahim A H S. Antecedents of Organizational Citizenship Behavior Revisited: Public Personnel in the United States and in the Middle East[J]. Public Personnel Management, 1998, 27(4): 529-550.

[362] Taylor, Jeannette. Goal Setting in the Australian Public Service: Effects on Psychological Empowerment and Organizational Citizenship Behavior[J]. Public

Administration Review, 2013, 73(3): 453-464.

[363] Tepper B J. Consequences of Abusive Supervision [J]. Academy of Management Journal, 2000, 43(2): 178-190.

[364] Thanacoody P R, Newman A, Fuchs S. Affective Commitment and Turnover Intentions among Healthcare Professionals: The Role of Emotional Exhaustion and Disengagement [J]. The International Journal of Human Resource Management, 2014, 25(13): 1841-1857.

[365] Thibaut J W, Kelly H. The Social Psychology of Groups [M]. New York: Wiley, 1959.

[366] Torenvlied R, Akkerman A. Effects on Managers' Work Motivation and Network Activity on Their Reported Levels of External Red Tape[J]. Journal of Public Administration Research and Theory, 2012, 22(3): 445-471.

[367] Triandis H C. Interpersonal behavior [M]. Monterey, CA: Brooks/Cole, 1977.

[368] Turban D B, Keon T L. Organizational Attractiveness: An Interactionist Perspective[J]. Journal of Applied Psychology, 1993(78): 184-193.

[369] Tziner A. Congruency Issue Retested Using Fineman's Achievement Climate Notion[J]. Journal of Social Behavior and Personality, 1987(2): 63-78.

[370] Vigoda E. Internal Politics in Public Administration Systems: An Empirical Examination of Its Relationship with Job Congruence, Organizational Citizenship Behavior, and in-role Performance[J]. Public Personnel Management, 2000, 29(2): 185-210.

[371] Vigoda-Gadot E, Beeri I. Change-Oriented Organizational Citizenship Behavior in Public Administration: The Power of Leadership and the Cost of Organizational Politics [J]. Journal of Public Administration Research & Theory, 2012, 22(3): 573-596.

[372] Volkema R J. Demographic, Cultural, and Economic Predictors of Perceived Ethicality of Negotiation Behavior: A Nine-Country Analysis[J]. Journal of Business Research, 2004, 57(1): 69-78.

[373] Wanberg C, Glomb T M, Song Z, et al. Job-Search Persistence during

Unemployment: A 10-Wave Longitudinal Study[J]. Journal of Applied Psychology, 2005(90): 411-430.

[374] Wan X L, Wei W W. A Demographic Study on Citizenship Behavior as in-role Orientation[J]. Personality and Individual Differences, 2007, 42(2): 225-234.

[375] Warshawsky N E, Havens D S, Knafl G. The Influence of Interpersonal Relationships on Nurse Managers' Work Engagement and Proactive Work Behavior[J]. Journal of Nursing Administration, 2012, 42(9): 418-425.

[376] Watty - Benjamin W, Udechukwu I. The Relationship between HRM Practices and Turnover Intentions: A Study of Government and Employee Organizational Citizenship Behavior in the Virgin Islands [J]. Public Personnel Management, 2014, 43(1): 58-82.

[377] Weick K E. The Social Psychology of Organizing[M]. 2nd ed. Reading, MA: Addison-Wesley, 1979.

[378] Weiss H M, Cropanzano R. Affective Events Theory: A Theoretical Discussion of the Structure, Causes and Consequences of Affective Experiences at Work[J]. Research in Organizational Behavior, 1996, 18, (3): 1-74.

[379] Welsh D T, Ordóez Lisa D. The Dark Side of Consecutive High Performance Goals: Linking Goal Setting, Depletion, and Unethical Behavior[J]. Organizational Behavior and Human Decision Processes, 2014, 123(2): 79-89.

[380] Westerman J W, Cyr L A. An Integrative Analysis of Person-Organization Fit Theories[J]. International Journal of Selection and Assessment, 2004(12): 252-261.

[381] Will T. Enlightenment Political Philosophy and Organizational Citizenship Behaviour: Contextualizing Historical Discourse [J]. Management & Organizational History, 2012, 7(4): 285-302.

[382] Wimbush J C, Shepard J M. Toward an Understanding of Ethical Climate: Its Relationship to Ethical Behavior and Supervisory Influence[J]. Journal of Business Ethics, 1994, (13): 637-647.

[383] Yi L, Wang T. Retracted Article: Effect of Incentive Pay on Employees' Negative Behaviors: The Moderating Role of Organizational Commitment [R].

International Conference on E-business & E-government, 2011.

[384] Zapf D, Einarsen S, Hoel H, et al. Empirical Findings on Bullying in the Workplace [J]// Bullying and Emotional Abuse in the Workplace. International Perspectives in Research and Practice, 1st edn., Psychiatry and Psychiatric Epidemiology, 2003(44): 103-126.

[385] Zarea H. Organizational Citizenship Behaviors and Their Relationship to Social Capital in Public Organizations of Qom Province [J]. Iranian Journal of Management Studies, 2012, 5(1): 59-68.

[386] Zeng Z, Ye M. The Effect of Employees' Perceptions of Organizational Justice on Organizational Citizenship Behavior: An Application in Turkish Public Institutions [J]. International Journal of Business & Management, 2016, 6 (6): 1833-8119.

[387] Zhu W, Avolio B J, Walumbwa F O. Moderating Role of Follower Characteristics with Transformational Leadership and Follower Work Engagement [J]. Group & Organization Management, 2009, 34(5): 590-619.

[388] Zuber F. Spread of Unethical Behavior in Organizations: A Dynamic Social Network Perspective [J]. Journal of Business Ethics, 2015, 131(1): 151.

附录 1 访谈提纲

1. 个人基本工作情况介绍（工作内容、工作感悟以及对公共部门人员职业的评价）。

2. 您如何界定"消极作为"行为？

3. 您对我国出现的"消极作为"行为的总体评价（所见、所闻、所感）是什么？

4. 您认为"消极作为"行为是否与年龄、性别、工作年限、受教育程度、单位类型、工作性质有关系？

5. 您认为造成"消极作为"行为的主要因素有哪些？

6. 您认为"消极作为"行为带来了哪些后果？

附录2 各条目和量表总分相关性

附表 各条目和量表总分相关性

条目	相关性	A1	A2	A3	…	A24	A25	A26	总分
A1	Pearson 相关性	1	0.489**	0.411**		0.427**	0.473**	0.488**	0.697**
	显著性(双侧)		0	0		0	0	0	0
	N	423	423	423		423	423	423	423
A2	Pearson 相关性	0.489**	1	0.478**		0.496**	0.453**	0.500**	0.719**
	显著性(双侧)	0		0		0	0	0	0
	N	423	423	423		423	423	423	423
A3	Pearson 相关性	0.411**	0.478**	1		0.457**	0.490**	0.440**	0.691**
	显著性(双侧)	0	0			0	0	0	0
	N	423	423	423		423	423	423	423
A4	Pearson 相关性	0.424**	0.456**	0.457**		0.426**	0.389**	0.428**	0.662**
	显著性(双侧)	0	0	0		0	0	0	0
	N	423	423	423		423	423	423	423
A5	Pearson 相关性	0.500**	0.489**	0.474**		0.452**	0.456**	0.488**	0.718**
	显著性(双侧)	0	0	0		0	0	0	0
	N	423	423	423		423	423	423	423
A6	Pearson 相关性	0.448**	0.490**	0.441**		0.439**	0.444**	0.410**	0.661**
	显著性(双侧)	0	0	0		0	0	0	0
	N	423	423	423		423	423	423	423

续表

条目	相关性	A1	A2	A3	…	A24	A25	A26	总分
A7	Pearson 相关性	0.448**	0.453**	0.488**		0.454**	0.474**	0.477**	0.703**
	显著性(双侧)	0	0	0		0	0	0	0
	N	423	423	423		423	423	423	423
A8	Pearson 相关性	0.374**	0.475**	0.465**		0.432**	0.435**	0.397**	0.657**
	显著性(双侧)	0	0	0		0	0	0	0
	N	423	423	423		423	423	423	423
A9	Pearson 相关性	0.457**	0.441**	0.440**		0.432**	0.523**	0.378**	0.660**
	显著性(双侧)	0	0	0		0	0	0	0
	N	423	423	423		423	423	423	423
A10	Pearson 相关性	0.499**	0.503**	0.413**		0.462**	0.433**	0.446**	0.666**
	显著性(双侧)	0	0	0		0	0	0	0
	N	423	423	423		423	423	423	423
A11	Pearson 相关性	0.421**	0.402**	0.401**		0.465**	0.403**	0.410**	0.642**
	显著性(双侧)	0	0	0		0	0	0	0
	N	423	423	423		423	423	423	423
A12	Pearson 相关性	0.452**	0.481**	0.502**		0.487**	0.458**	0.502**	0.709**
	显著性(双侧)	0	0	0		0	0	0	0
	N	423	423	423		423	423	423	423
A13	Pearson 相关性	0.479**	0.539**	0.445**		0.471**	0.501**	0.469**	0.733**
	显著性(双侧)	0	0	0		0	0	0	0
	N	423	423	423		423	423	423	423
A14	Pearson 相关性	0.460**	0.480**	0.424**		0.380**	0.454**	0.445**	0.671**
	显著性(双侧)	0	0	0		0	0	0	0
	N	423	423	423		423	423	423	423
A15	Pearson 相关性	0.454**	0.467**	0.472**		0.454**	0.412**	0.454**	0.666**
	显著性(双侧)	0	0	0		0	0	0	0
	N	423	423	423		423	423	423	423
A16	Pearson 相关性	0.457**	0.414**	0.438**		0.391**	0.406**	0.409**	0.645**
	显著性(双侧)	0	0	0		0	0	0	0
	N	423	423	423		423	423	423	423

续表

条目	相关性	A1	A2	A3	…	A24	A25	A26	总分
A17	Pearson 相关性	0.495**	0.520**	0.513**		0.472**	0.456**	0.479**	0.736**
	显著性(双侧)	0	0	0		0	0	0	0
	N	423	423	423		423	423	423	423
A18	Pearson 相关性	0.463**	0.444**	0.428**		0.460**	0.461**	0.453**	0.682**
	显著性(双侧)	0	0	0		0	0	0	0
	N	423	423	423		423	423	423	423
A19	Pearson 相关性	0.480**	0.443**	0.390**		0.384**	0.406**	0.449**	0.663**
	显著性(双侧)	0	0	0		0	0	0	0
	N	423	423	423		423	423	423	423
A20	Pearson 相关性	0.449**	0.458**	0.436**		0.427**	0.423**	0.441**	0.678**
	显著性(双侧)	0	0	0		0	0	0	0
	N	423	423	423		423	423	423	423
A21	Pearson 相关性	0.517**	0.495**	0.558**		0.491**	0.513**	0.499**	0.733**
	显著性(双侧)	0	0	0		0	0	0	0
	N	423	423	423		423	423	423	423
A22	Pearson 相关性	0.475**	0.518**	0.455**		0.453**	0.511**	0.510**	0.732**
	显著性(双侧)	0	0	0		0	0	0	0
	N	423	423	423		423	423	423	423
A23	Pearson 相关性	0.446**	0.478**	0.448**		0.489**	0.469**	0.459**	0.713**
	显著性(双侧)	0	0	0		0	0	0	0
	N	423	423	423		423	423	423	423
A24	Pearson 相关性	0.473**	0.453**	0.490**		1	0.463**	0.458**	0.683**
	显著性(双侧)	0	0	0			0	0	0
	N	423	423	423		423	423	423	423
A25	Pearson 相关性	0.488**	0.500**	0.440**		0.463**	1	0.439**	0.688**
	显著性(双侧)	0	0	0		0		0	0
	N	423	423	423		423	423	423	423
A26	Pearson 相关性	0.697**	0.719**	0.691**		0.458**	0.439**	1	0.688**
	显著性(双侧)	0	0	0		0	0		0
	N	423	423	423		423	423	423	423

注：**表示在 0.01 水平上(双侧)相关，*表示在 0.05 水平上(双侧)相关。

附录3　调研问卷(员工问卷)

尊敬的先生/女士：

您好！

在新时代我国全面深化改革的背景下，为了更好地了解我国公共部门的工作行为，以及如何有效地调动公共部门人员的工作积极性，我们真诚地邀请您对所在单位以及目前的工作状况进行综合评价。本调查采用匿名方式进行，问题的答案没有正确与错误之分，请您根据实际情况和真实感受填写每一个题目。您所提供的任何信息，我们都将严格保密，全部资料仅作统计分析之用，绝不对外公开，不会给您和贵单位带来任何不良影响，请安心填写。

我们对您给予此次调研的大力支持表示真挚的感谢！

上海交通大学国际与公共事务学院

2018 年 5 月

调研正式开始：

请您根据每部分题目前的指导语提示，回答如下问题。

第一部分　"消极作为"行为

请根据您的真实感受就个人具体行为表现给出客观的评价：

（5—强烈赞同、4—赞同、3—无意见、2—不赞同、1—强烈不赞同，在对应的"□"内打"√"。）

1. 我在工作中不会对自身的规范行为和工作纪律要求太高。

□5　□4　□3　□2　□1

2. 我在工作中通常将不重要的事情放到以后集中处理。

  □5 □4 □3 □2 □1

3. 感觉自己能完成的工作，但在落实上总是差强人意。

  □5 □4 □3 □2 □1

4. 不能够以高标准高要求完成工作。 □5 □4 □3 □2 □1

5. 遇到棘手、不能胜任的工作就先做做样子应付过去。

  □5 □4 □3 □2 □1

6. 在工作中处理问题、做决策时往往都是凭经验解决。

  □5 □4 □3 □2 □1

7. 我会安排新来的员工帮我完成基础性工作。 □5 □4 □3 □2 □1

8. 我的很多工作任务经常是在被催促下完成的。 □5 □4 □3 □2 □1

9. 我在工作中经常出现浪费的时间远远大于工作的时间。

  □5 □4 □3 □2 □1

10. 在工作中出现问题，我习惯先找客观原因。 □5 □4 □3 □2 □1

11. 面对重要任务时，我内心总是拒绝的。 □5 □4 □3 □2 □1

12. 我在单位里只需要正常工作、不出差错，没必要争先进。

  □5 □4 □3 □2 □1

13. 就算我再认真努力工作，先进和晋升也轮不到我。

  □5 □4 □3 □2 □1

14. 我只做自己手头的工作，不会进行创新性工作。

  □5 □4 □3 □2 □1

15. 快到下班时间时，我的工作效率往往会很低，会无心工作。

  □5 □4 □3 □2 □1

16. 我非常讨厌临时性或长时间加班。 □5 □4 □3 □2 □1

17. 我不会给自己增加不必要的工作量。 □5 □4 □3 □2 □1

18. 工作清闲时，我会利用工作时间同步处理私人事情。

  □5 □4 □3 □2 □1

19. 在工作中我会在合理范围内，为亲朋好友提供便利条件。

  □5 □4 □3 □2 □1

20. 在工作中涉及利益的情况下，我会首先考虑自己的利益得失。

  □5 □4 □3 □2 □1

21. 遇到临时性工作任务时，我会首先挑选任务量小的工作。

□5　□4　□3　□2　□1

22. 我遇到紧急任务，总是束手无策或委托他人。

□5　□4　□3　□2　□1

23. 工作中出现的小问题，如不影响正常工作我不会主动处理。

□5　□4　□3　□2　□1

24. 处理敏感工作，我总是怕担风险，保守处理。

□5　□4　□3　□2　□1

25. 领导安排的工作，我都会首先处理，而把自身的工作推后。

□5　□4　□3　□2　□1

26. 别人都赞同的决定和结果，我都是顺从或给予肯定的。

□5　□4　□3　□2　□1

第二部分　制度压力

请根据您的真实感受就单位氛围给出您的评价：

（5—强烈赞同、4—赞同、3—无意见、2—不赞同、1—强烈不赞同，在对应的"□"内打"√"。）

1. 我们单位对违反法律法规的行为有严厉的惩罚措施。

□5　□4　□3　□2　□1

2. 我们单位通过严格执法来保障公众的利益。　□5　□4　□3　□2　□1

3. 我们单位通过各种形式宣传应该遵守法律法规。

□5　□4　□3　□2　□1

4. 我们单位对公众反应的违反法律法规的行为有迅速回应。

□5　□4　□3　□2　□1

5. 公众会从行业或职业协会中了解我们单位的各种规范。

□5　□4　□3　□2　□1

6. 我们单位对公众负责的服务理念备受公众认可。

□5　□4　□3　□2　□1

7. 公众对我们单位负责任地对待利益相关者的行为非常赞赏。

□5　□4　□3　□2　□1

8. 我们单位遵循各种规范对单位有很强的影响力。

　　　　　　　　　　　　　　　　□5　□4　□3　□2　□1

9. 我们单位因遵循法律法规等而知名度较高。　□5　□4　□3　□2　□1

10. 我们单位密切关注同行业在公共关系中的策略和举措。

　　　　　　　　　　　　　　　　□5　□4　□3　□2　□1

11. 我们单位所在的行业组织制定了行业准则。□5　□4　□3　□2　□1

第三部分　繁文缛节

请根据您的真实感受给出您的评价：

（5—强烈赞同、4—赞同、3—无意见、2—不赞同、1—强烈不赞同，在对应的"□"内打"√"。）

1. 即使在单位工作表现很差，按照规章制度也不会被开除。

　　　　　　　　　　　　　　　　□5　□4　□3　□2　□1

2. 晋升规则不能保证让一个优秀的员工得到较快的晋升。

　　　　　　　　　　　　　　　　□5　□4　□3　□2　□1

3. 正规的薪酬制度很难对一个工资很高的员工继续提高工资奖励。

　　　　　　　　　　　　　　　　□5　□4　□3　□2　□1

4. 单位的人事规则和程序很难使领导奖励表现良好的下属。

　　　　　　　　　　　　　　　　□5　□4　□3　□2　□1

第四部分　中庸思想

请根据您的真实感受给出您的评价：

（5—强烈赞同、4—赞同、3—无意见、2—不赞同、1—强烈不赞同，在对应的"□"内打"√"。）

1. 与同事相处只做到合理是不够的，还要合情。

　　　　　　　　　　　　　　　　□5　□4　□3　□2　□1

2. 做任何事情总要有个限度，过了头和达不到都不好。

　　　　　　　　　　　　　　　　□5　□4　□3　□2　□1

3. 做决定时要为了整体的和谐来调整自己。　□5　□4　□3　□2　□1

4. 我会参考其他人的想法和做法。　　　　　□5　□4　□3　□2　□1

5. 我做事情会考虑各种可能的状况。　　　□5　□4　□3　□2　□1

6. 我会在不同意见中选择折中方案或找个平衡点。

　　　　　　　　　　　　　　　　　　　□5　□4　□3　□2　□1

第五部分　公共服务动机

请根据您的真实感受给出您的评价：

（5—强烈赞同、4—赞同、3—无意见、2—不赞同、1—强烈不赞同，在对应的"□"内打"√"。）

1. 我对那些对我的国家或社会有益的公共项目感兴趣。

　　　　　　　　　　　　　　　　　　　□5　□4　□3　□2　□1

2. 我很有兴趣与他人分享我对公共政策的看法和意见。

　　　　　　　　　　　　　　　　　　　□5　□4　□3　□2　□1

3. 看到人们从我积极参与的公共项目中受益，我非常满意。

　　　　　　　　　　　　　　　　　　　□5　□4　□3　□2　□1

4. 我将公共服务视为自己应尽的公民义务。　□5　□4　□3　□2　□1

5. 我大公无私地为我的社区做贡献。　　　　□5　□4　□3　□2　□1

6. 有意义的公共服务对我很重要。　　　　　□5　□4　□3　□2　□1

7. 即便以损害我的个体利益为代价，我也愿意看到有关部门做有利于社区百姓的事情。

　　　　　　　　　　　　　　　　　　　□5　□4　□3　□2　□1

8. 当看到受灾的人们时，我很难控制自己的感情。

　　　　　　　　　　　　　　　　　　　□5　□4　□3　□2　□1

9. 日常活动经常让我被我们彼此之间是如何相互依赖的道理所触动。

　　　　　　　　　　　　　　　　　　　□5　□4　□3　□2　□1

10. 我同情社会上的弱势群体。　　　　　　□5　□4　□3　□2　□1

11. 对于我而言，关心其他人的社会福利很重要。□5　□4　□3　□2　□1

12. 服务于他人让我感觉很舒服，即使没有人为此专门向我支付报酬。

　　　　　　　　　　　　　　　　　　　□5　□4　□3　□2　□1

13. 我坚信职责高于个人。　　　　　　　　□5　□4　□3　□2　□1

14. 我愿意为社会公益做出牺牲。　　　　　□5　□4　□3　□2　□1

15. 对于我而言，在社会中有所作为比个人的成就更有意义。

         ☐5 ☐4 ☐3 ☐2 ☐1

16. 我会为了帮助其他人而牺牲自己利益。 ☐5 ☐4 ☐3 ☐2 ☐1

17. 我认为人们对于社会应该是付出大于索取。 ☐5 ☐4 ☐3 ☐2 ☐1

18. 我所做的大部分工作是为了社会事业，而不是为了我个人。

         ☐5 ☐4 ☐3 ☐2 ☐1

第六部分　心理安全感

请根据您的真实感受给出您的评价：

（5—强烈赞同、4—赞同、3—无意见、2—不赞同、1—强烈不赞同，在对应的"☐"内打"√"。）

1. 与团队成员一起工作，我的一些特别的技能得以发挥作用。

         ☐5 ☐4 ☐3 ☐2 ☐1

2. 我很难得到团队中其他成员的帮助。 ☐5 ☐4 ☐3 ☐2 ☐1

3. 如果我在目前的组织中犯了一个错误，通常会影响我的工作。

         ☐5 ☐4 ☐3 ☐2 ☐1

第七部分　责任感

请根据您的真实感受给出您的评价：

（5—强烈赞同、4—赞同、3—无意见、2—不赞同、1—强烈不赞同，在对应的"☐"内打"√"。）

1. 我感到自己有责任在工作中做出改变。 ☐5 ☐4 ☐3 ☐2 ☐1

2. 改进自己的工作，我责无旁贷。 ☐5 ☐4 ☐3 ☐2 ☐1

3. 我感到自己有责任在工作中尝试引进新的程序。

         ☐5 ☐4 ☐3 ☐2 ☐1

4. 纠正错误不是我的职责（反向计分）。 ☐5 ☐4 ☐3 ☐2 ☐1

5. 我觉得自己没义务挑战或改变现状（反向计分）。

         ☐5 ☐4 ☐3 ☐2 ☐1

第八部分　职业满意度

请根据您的真实感受给出您的评价：

（5—强烈赞同、4—赞同、3—无意见、2—不赞同、1—强烈不赞同，在对应的"□"内打"√"。）

1. 我对在增加收入上取得的进展感到满意。 □5 □4 □3 □2 □1

2. 我对在晋升上取得的进展感到满意。 □5 □4 □3 □2 □1

3. 我对在发展新技能上取得的进展感到满意。 □5 □4 □3 □2 □1

4. 我对职业总体目标实现的程度很满意。 □5 □4 □3 □2 □1

5. 我对在职业中取得的成就感到满意。 □5 □4 □3 □2 □1

第九部分　团队创新绩效

请根据您的真实感受给出您的评价：

（5—强烈赞同、4—赞同、3—无意见、2—不赞同、1—强烈不赞同，在对应的"□"内打"√"。）

1. 我们部门经常尝试新的想法或创意。 □5 □4 □3 □2 □1

2. 我们部门不断寻求新的做事方法。 □5 □4 □3 □2 □1

3. 我们部门在运作方式上极富创造性。 □5 □4 □3 □2 □1

4. 在我们部门创新被视为危险之举，因而会被抵制。

□5 □4 □3 □2 □1

第十部分　工作投入

请根据您的真实感受给出您的评价：

（5—强烈赞同、4—赞同、3—无意见、2—不赞同、1—强烈不赞同，在对应的"□"内打"√"。）

1. 工作时，我觉得干劲十足。 □5 □4 □3 □2 □1

2. 早上起床时，我很乐意去上班。 □5 □4 □3 □2 □1

3. 对于工作，我感到精力充沛。 □5 □4 □3 □2 □1

4. 我为自己所从事的工作感到自豪。 □5 □4 □3 □2 □1

5. 我所做的工作能够激励我。 □5 □4 □3 □2 □1

6. 我非常热衷于自己的工作。 □5 □4 □3 □2 □1

7. 当我工作时，我满脑子就只有工作。 □5 □4 □3 □2 □1

8. 对待工作我会全身心地投入。 □5 □4 □3 □2 □1

9. 当我专注工作时，会感到快乐。　　　　　□5　□4　□3　□2　□1

第十一部分　基本信息

1. 性别：（　　）。

A. 男　　　　　　　B. 女

2. 年龄：（　　）。

A. 25 岁及以下　　B. 26~35 岁　　　　C. 36~45 岁　　　　D. 46~55 岁

E. 56 岁及以上

3. 婚姻状况：（　　）。

A. 已婚　　　　　　B. 未婚

4. 您所在省份：_____。

5. 您的受教育程度：（　　）。

A. 大专及以下　　B. 本科　　　　　　C. 硕士　　　　　　D. 博士

6. 您在贵单位的工作年限：（　　）。

A. 5 年及以下　　B. 6~10 年　　　　　C. 11~15 年　　　　D. 16~20 年

E. 21 年及以上

7. 您的职务：（　　）。

A. 一般员工　　　B. 基层管理者　　　C. 中层管理者　　　D. 高层管理者

附录4 调研问卷(管理者问卷)

尊敬的先生/女士:

您好!

为了更好地了解我国公共部门的工作行为,以及如何有效地调动公共部门人员的工作积极性,我们真诚地邀请您对您的下属的服务绩效进行综合评价。此调查采用匿名方式进行,问题的答案没有正确与错误之分,请您根据实际情况和真实感受填写每一个题目。对于您所提供的任何信息,我们都将严格保密,全部资料仅作统计分析之用,绝不对外公开,不会给您和贵单位带来任何不良影响,请安心填写。

我们对您给予此次调研的大力支持表示真挚的感谢!

上海交通大学国际与公共事务学院

2018 年 5 月

调研正式开始:

请您根据每部分题目前的指导语提示,回答如下问题:

1. 性别:( )。

A. 男　　　　　　B. 女

2. 年龄:( )。

A. 25 岁及以下　　B. 26~35 岁　　　C. 36~45 岁　　　D. 46~55 岁

E. 56 岁及以上

3. 婚姻状况:( )。

A. 已婚　　　　　B. 未婚

4. 您所在省份：_____。

5. 您的受教育程度：（　　）。

A. 大专及以下　　B. 本科　　　　　　C. 硕士　　　　　　　D. 博士

6. 您在贵单位的工作年限：（　　）。

A. 5 年及以下　　B. 6~10 年　　　　C. 11~15 年　　　　D. 16~20 年

E. 21 年及以上

7. 您的职务：（　　）。

A. 一般员工　　　B. 基层管理者　　C. 中层管理者　　D. 高层管理者

请根据您的真实感受给出您的评价：

（5—强烈赞同、4—赞同、3—无意见、2—不赞同、1—强烈不赞同，在对应的"□"内打"√"。）

1. 您的员工总会对顾客态度友好并帮助他们。　□5　□4　□3　□2　□1

2. 您的员工会快速接近顾客。　　　　　　　　□5　□4　□3　□2　□1

3. 您的员工会积极听取顾客的反馈，发现他们的需求。

　　　　　　　　　　　　　　　　　　　　　□5　□4　□3　□2　□1

4. 当顾客需要帮助时，您的员工会及时帮助他们。

　　　　　　　　　　　　　　　　　　　　　□5　□4　□3　□2　□1

5. 您的员工会及时对顾客的需求提供服务。　□5　□4　□3　□2　□1

6. 您的员工对顾客的需求能尽快给出合理的建议。

　　　　　　　　　　　　　　　　　　　　　□5　□4　□3　□2　□1

后　记

亲爱的读者：

在此，我想写下本书的后记，以表达我的感激之情。

编写本书的初衷是希望能够深入地探讨当代社会中不良行为的原因和心理机制。通过对"消极作为"行为的研究，我努力提供了一个全面的视角，以更好地理解这种现象，并为预防和应对这些行为提供有益的建议。

在本书的写作过程中，我不断汲取学术知识和实证研究成果。每次文献回顾、案例分析和理论研究都是一次思维的碰撞和知识的积累。同时，我也借助了先进的技术工具和数据分析方法，力求使本书的研究结果更加准确和可靠。

然而，在写作过程中，我也遇到了不少困难和挑战。研究这个课题需要对大量的文献进行筛选和整理，需要耐心和恒心。同时，案例的收集和心理机制的分析也需要深入思考和探索。但是，这些挑战让我更加坚信，解决"消极作为"行为问题的重要性和必要性。

在本书完成之际，我要衷心地感谢一直支持和鼓励我的人。首先，感谢我的导师和同事的指导与帮助，他们的智慧和悉心指导使我能够在学术研究上不断突破。其次，感谢我的家人和朋友的理解与支持，他们在我写作的过程中给予了无私的鼓励和支持。

最重要的是，感谢所有的读者。您的关注和选择是我写作的动力和意义所在。希望本书能够对您有所启发，并成为您思考和解决社会问题的起点。我期待看到更多的人关注并参与到"消极作为"行为研究的进程中，共同创造一个积极、和谐的社会环境。

最后，请接受我衷心的祝福。愿您在追求知识的旅途中不断前进，取得更大的成就。期待与您在更广阔的学术领域相会，共同为人类社会的进步贡献一份力量。

　　诚挚的问候！

张宗贺